JN437324

크리스천 SNS와 모바일 네트워크

Smart Phone

박용우 | 김태희 | 이길원 | 고성욱 | 배현학 | 여지혜 | 이지원 | 이 혁 공저

숭실대학교출판부

Contents

목차

크리스천 SNS 와 모바일 네트워크 (스마트폰)

박용우 숭실대학교 기독교학대학원 교수

글을 모르는 문맹자가 우리 사회를 살아가기에 답답한 것처럼, 컴퓨터를 모르는 컴맹, 네트워크를 모르는 넷맹, 스마트폰을 모르는 폰맹이 앞으로의 시대에는 의사소통의 한계를 크게 느끼고 살아가기에 참으로 답답한 세상이 온다.

역사적으로 의사소통(Communication)의 발달과정을 보면, 입으로 의사를 소통하던 구전(Oral)시대에서 문자를 발명함으로 글을 통해 의사를 소통하던 문자(Letter)시대가 도래했다. 문자시대의 파피루스나 양피지에 손으로 기록한 필사본은 후대에 까지 그 내용을 남길 수 있게 되었다. 15세기에 와서 구텐베르크의 활판인쇄술의 발명을 통한 출판(Printing)은 손으로 필사하던 한계를 넘어 의사전달과 소통의 혁명을 가져왔다. 히스토리 채널이 지난 2,000년 동안 세계에서 가장 영향을 끼친 인물로서 구텐베르크를 선정한 것도, 아무리 중요한 사건도 전달매체가 없으면 사회적 영향을 끼칠 수 없다고 생각했기 때문이다.

구텐베르크의 활판인쇄술보다 더 큰 혁명이 오늘 우리시대에 일어나고 있다. 인터넷의 출현과 함께 인터넷 기반(Cloud)에 데이터를 두고 컴퓨터나 스마트폰으로 수시로 데이터를 불러와서 사용하는 클라우드 컴퓨팅(Cloud Computing)은 세계를 모바일 네트워크로 연결하여 손 안의 세상으로 만들었다.

'우리는 나보다 똑똑하다' 는 집단지성은 한 사람의 전문가의 생각보다 평범한 여러 사람의 생각이 더 좋은 결과를 도출할 수 있다는 것을 보여 주고 있다. 전문가가 만든 백과사전 브리타니카와 여러 사람들이 만들어 가고 있는 위키피디아에서 그 예를 볼 수 있다.

여러 사람이 함께 편집하고자 하는 자료를 구글문서도구와 You-Tube 등에 올려놓고 각자 다른 곳에 있는 사람들이 원격으로 접속하여 자료를 불러와서 동시에 토론하면서 작업할 수 있다. 이것이 클라우드 컴퓨팅(Cloud Computing)을 통한 집단지성의 활용이다.

흔히들 SNS(Social Network Service)로 불리어지는 twitter, facebook, You-Tube 등 사회적 네트워크(Social Network)를 통해 의사소통의 매체도 다양해졌다. 일방적인 의사전달이 아니라 시간이나 공간의 제약을 받지 않고 같은 시간에 정보를 효율적으로 서로 주고 받을 수 있다. 릭 워렌 목사의 새들백교회 등 세계적으로 앞서가는 교회들의 홈페이지를 보면 목회자들과 교회지도자들이 SNS기능을 통해 교인들과 소통하고 있다.

스마트 TV의 출현과 함께 방송자가 일방적으로 뉴스를 전달하던 과거와는 달리 방송자와 시청자가 함께 만들어 가는 쌍방향적인 뉴스와 정보가 가능하게 되었다. TV와 인터넷의 결합으로 앞으로의 TV는 인터넷기능이 추가됨으로 더 복잡해지고, PC는 Tablet 기능의 확산으로 더욱 간소화될 전망이다.

말과 글로만 의사소통할 때와는 달리 이제는 기독교 선교와 효과적인 메시지 전달을 위해서 다양한 매체활용이 필수적인 사회가 되었다. 다양한 매체활용이지만 이 모든 것을 스마트폰 하나로 편리하게 다 할 수 있다는 장점이 있기 때문에 멀지 않는 시일 안에 대부분 사람들의 휴대폰이 스마트폰으로 대체될 것으로 예상된다.

종이 책 중심으로 구성되었던 도서관도 전자 책과 매체로 그 자리를 대체해 나가고 있으며 책 크기로 출시된 I-Pad는 책, 노트, 인터넷, 전화, 컴퓨터, 사전, 카메라 등을 한 곳에 모은 모바일 네트워크로서 세계를 그 안에서 만날 수 있는 기능들을 갖추고 있다.

숭실대학교 문화선교연구소에서는 성경의 문화적 배경을 설명하는 해설과 동영상, 사진 등을 위성지도와 함께 볼 수 있는 어플을 만들어서 아이폰과 안디로이드폰 엡스토어에서 '문화성경'을 검색해서 다운 받아 사용할 수 있게 했으며, 앞으로는 스마트-TV를 통해 교회에서 성경을 교육할 수 있도록 할 예정이다.

교회나 학교의 강의실에서 이루어지는 강의내용을 twitter, facebook, You-Tube 등 SNS를 통해 강의실 밖에서도 소통하고 토론하고 상담할 수 있다.

SNS와 스마트폰을 비롯한 모바일 네트워크 기능들은 소외된 인간관계 사이를 연결해주고 멀게만 느껴졌던 목회자와 교인들, 선생과 학생들 사이를 가깝게 느끼게 해줌으로 크리스천들의 생활과 선교에 크게 도움이 될 것이다.

소통의 시대, 모바일 네트워킹 서비스의 기독교사역 활용

김태희 숭실대학교 기독교학대학원 문화학과

뚜껑열린 스마트폰 시대

2010년 6·2 지방선거에서 야권은 젊은 층의 활발한 투표 참여로 인해 선전이 가능했다고 한다. 오후 5시 이후 투표율이 5%이상 급증하는 현상을 보였는데 여기에는 그만한 이유가 있었다는 분석이다. 젊은 세대의 소통수단으로 자리잡아가고 있는 트위터의 위력이 이번 선거에서 발휘되었다는 것이다. 이날 오후 들어 유명인들이 트위터를 통해 투표를 독려하는 경우가 유난히 많았다. 유명인들 뿐만 아니라 일반인들 사이에도 이날 오후 투표를 독려하는 글을 트위터에 올리는 경우가 많았다. 자신이 지지하는 후보가 여론조사에서 큰 표차로 지는 것으로 나타나 투표를 할 생각이 없다가 친구의 트위터에 그 후보가 상대 후보를 거의 따라잡았다는 내용이 있어서 투표소로 향한 경우가 한 예이다.

트위터는 지난 2006년 미국 소프트웨어 프로그래머인 잭 도시(Jack Dorsey)가 개발한 소셜 네트워킹 서비스(SNS)이다. 유선과 무선이 하나로 통합된 서비스이다. 누구나 쉽게 보낼 수 있는 단문 문자 메시지와 친구들의 최근 소식을 알 수 있는 싸이월드 같은 SNS 사이트의 장점이 결합되었다. 짧은 글을 남길 수 있는 블로그의 1인 미디어 성격에다 싸이월드의 관계 맺기 기능 및 메신저의 신속성이 가미됐다. '쉽고 자유롭게' 이용할 수 있는 것이 트위터의 가장 큰 매력이라고 할 수 있다.

트위터와 같은 강력한 소셜 네트워킹 서비스를 효율적으로 이용할 수 있도록 해주는 도구가 바로 모바일 네트워킹 기기이다. 대표적인 기기가 바로 스마트폰이다. 최근 스마트폰의 열풍이 불고 있다. 국내 스마트폰 가입자는 11월 기준으로 570만명을 육박하고 있다. 2011년스마트폰 가입자는 이보다 훨씬 많은 1500만명에 이를 것으로 전망하고 있다. 스마트폰은 소통의 수단으로서 한 걸음 더 발전한 형태라는 관점에서 접근해 볼 수 있다. 시대의 변화에 맞춰 기독교 사역의 현장속에서도 스마트폰을 이용한 새로운 접근이 이루어지고 있다. 현재까지 스마트폰을 통하여 한국교회에서 나타나는 소통의 유형은, 목회자와 성도가 트위터와 페이스북을 이용해 소통하기, 스마트폰용 어플리케이션(응용프로그램)을 교회가 보급하기, 목회자의 설교나 강의를 아이폰에서 볼 수 있는 팟캐스트(Podcast) 서비스로 제공하는 형태로 이루어지고 있다. 그 중에서도 단연 소통의 도구로서 트위터와 페이스북이 돋보인다. 트위터와 페이스북이 소통의 새로운 도구로 활용되면서 한국 교회에서도 이를 이용해 성도들과 소통하는 목회자들이 늘고 있다.

변하고 있는 미디어 방향

소통문화가 바뀌고 있다. 그것도 우리의 상상을 뛰어넘을 만큼 엄청난 속도로 변화하고 있다. 정보와 가치를 전달하는 모든 수단이 미디어라고 할 때, 21세기에 살고 있는 오늘날의 지배적 패러다임은 단연 '디지털 미디어' 라고 할 수 있다. 종래에는 매스 미디어라는 환경속에서 '개인(person)'은 종종 소외되었다. 하지만 여기에 변화가 생겨나기 시작했다. 종종 소외되었던 '개인' 이 중요한 가치로 부상하고 있다는 사실이다. 디지털 혁명이 미디어 환경에 가져온 가장 중요한 변화는 정보에 접근하는데 개방성을 가지게 되었고 또 한가지는 이러한 정보들에 대한 선택권의 확대라고 할 수 있다. 정보에 대해서 일방적으로 주는 대로 받아들여야만 하는 입장에서, 사용자 입장에서 얼마든지 쉽게 접근할 수 있는 모습으로 바뀌었고, 이러한 정보들에 대해서 사용자의 입장에서 선택할 수 있는 권한이 대폭 확대되었다는 것이다.

트위터, 페이스북, 메신저, 이메일, 커뮤니티, 게시판, 블로그 등의 다양한 인터넷 환경에서 정보는 자유롭게 소통되고, 어느 누구도 이 같은 소통을 완전하게 차단할 수 없다. 인터넷 출현은 미디어 역사에 있어서 처음으로 '상호작용적 미디어' 의 등장을 가능케 했다는 점에 의미를 찾을 수 있다. 이러한 인터넷 환경속에서 트위터, 페이스북, 미투데이 등의 대표적인 SNS가 강력한 영향력을 발휘하고 있다. 여기에 더하여 이들 서비스는 모바일 기기에 최적화된 어플리케이션(어플)으로도 출시되어 있기에 스마트폰에 설치하여 어디서나 소통을 할 수 있다는 큰 장점으로 부각되고 있다.

지금은 사이버 노매드의 시대

지금은 사이버 노매드의 시대라고 한다. 이 개념을 이해하기 위해서는 두 가지의 개념을 먼저 짚고 넘어가야 한다. 첫째는 디지털 노매드

(Digital Nomad)이다. 노매드란 원래 집시족이나 유목민처럼 자유롭게 옮겨 다니는 사람들을 일컫는 말이다. 정보기술의 발달에 따라 정보통신 기기로 무장해 시간과 공간을 넘나들며 살아가는 디지털족을 바로 디지털 노매드라고 지칭한다. 둘째는 디지털 코쿤족(Digital Cocoon)이다. 디지털 혁명의 와중에서 노매드적 삶을 거부하고 가정의 안정적인 삶에 최우선의 가치를 두는 사람들이 늘고 있는데, 디지털 시대의 이러한 정착성향의 현대인들을 일컬어 디지털 코쿤족이라고 한다. 퍼스널 미디어 정보혁명시대에서 가정에 안주하면서 모든 정보와 엔터테인먼트 서비스를 다 누리기를 원하는 코쿤의 성격과 어디로든지 물리적 장벽에 구애됨이 없이 자신의 외연을 넓혀나가고자 하는 디지털 유목민의 성격을 다 가지고 있는 사이버 스페이스의 유목민을 '사이버 노매드(Cyber Nomad)라고 명명한다.

이러한 사이버 노매드의 삶을 살아가는 데 반드시 필요한 서비스 환경을 '유비쿼터스 네트워킹' 이라고 할 수 있다. 물리적인 장소에 아무런 제약을 받지 않는 네트워킹 환경을 '유비쿼터스 네트워킹' 라고 부른다. 유비쿼터스 네트워킹을 이루는 수단을 유비쿼터스 모바일 미디어라고 할 수 있는데 여기에는 몇 가지 특징이 있다. 첫 번째는 이동성이다. 휴대가능하며 이동중에도 손쉽게 이용할 수 있다는 점에서 시간과 장소에 따른 제약으로부터 비교적 자유롭다. 두 번째 특징은 다양한 미디이 기능을 수행할 수 있다. 하나의 모바일 미디어가 음성, 데이터, 화상 통신은 물론 인터넷, MP3, 카메라, 캠코더, 네비게이터, PC 및 TV 기능을 모두 할 수 있는 전천후 미디어로 발전해 나가고 있다. 세 번째 특징은 유 · 무선망을 통해 인간과 인간, 인간과 사물(=기기), 때로는 사물과 사물 간의 상호작용이 가능하다는 점이다.

인적 커뮤니티가 물리적 커뮤니티에서 전자적 매체를 통한 온라인 커뮤니티로 확대되었고 최근에는 모바일 커뮤니티로 확산되고 있다. 모바일 네트워킹은 좀 더 즉각적인 소통을 가능하도록 만들어준다는 장점이 있다. 모바일 네트워킹은 가까운 친구나 동료, 자녀들과 접촉하기 위한 중요한 도구가 될 수 있다.

모바일 네트워킹 시대에 대한 기독교의 접근방법

미래의 네트워킹 시스템은 상상을 초월할 정도로 긴밀하게 구성될 것으로 전망할 수 있다. 이렇게 변화하는 시대에 기독교가 세상과 단절되어 구시대적인 발상에만 갇힌 채 우리의 입장에서 일방적인 접근만을 고수한다면 세상은 우리에게 대해서 자신들의 모든 소통의 문을 닫고야 말 것이다. 개인주의가 팽배해지는 것 같지만 오히려 사람들은 더 관계를 맺고 싶어한다. 모바일 네트워킹이 확장되어 가는 현상은 이를 반증해준다. 온라인상에서 모바일 네트워킹 서비스를 적극적으로 활용하는 사람들이 기하급수적으로 증가하고 있는 것은 관계를 맺고 싶어하는 욕구가 여전히 강력하다는 것을 말해주고 있다. 미래의 모바일 네트워킹 시스템은 우리의 상상을 뛰어넘을 것이다. 그러므로 미래의 모바일 네트워킹 시스템의 상황에 대처해 나갈 기독교적 논리를 찾는 일이 절실하게 필요하다. 미래의 상황에 책임감 있게 준비해야만 문화선교적 과제를 감당하는 주체적인 기독교로서 자리매김할 수 있을 것이다.

21세기는 사이버 공간에서 소통하는 일들이 더 빈번해진다. 시공을 초월하는 사이버 상의 길을 통해 수많은 정보와 생각을 나누게 된다. 이 변화의 속도를 무시해서도 두려워해서도 안 된다. 다만 이것이 우리 앞에 놓여져 있는 엄연한 현실이라는 점을 잊지 말아야 한다. 지구촌 누구와도 생각을 공유하고 아이디어를 묶어 낼 수 있게 해주는 사이버 네트워킹 또는 모바일 네트워킹은 기독교 사역에 있어서 또 하나의 새로운 지평을 열 수 있는 기회라는 관점으로 보아야 한다.

이러한 현상과 특징이 나타나고 있는 시대에 기독교가 취해야 할 문화적인 접근방법은 어떠해야 하며 어떤 과제를 가지고 있는가? 기독교는 더 이상 세상에 군림하고자 하는 인식 자체를 버려야 한다. 교회안에서는 목사가 권위적인 모습으로 또는 위엄있게 교인들에게 일방적으로 하고 싶은 말과 뜻을 전달하는 시대는 점점 자취를 감추어 가고 있다. 교인들은 지도자와 마음이 시원하게 통하는 진정한 소통을 간절히 원하고 있다. 교회바깥의 상황도 다르지 않다. 20세기까지 기독교는 세상에 대해 너무나 권력적이고 권위적이며 정복자적인 모습으로 군림하려고 했다. 지금까지도 세상에 대해서 정복의 개념을 가지고 전도하고 선교하려고 한다. 그러나 세상은 기독교가 자기들을 정복하려고 하면 할수록 점점 우리와 거리를 두려고 하며 오히려 마음의 문을 닫고 귀를 기울이지 않으려고 한다. 소통의 문을 닫아버리고 만다. 여기서 우리는 세상과 소통하고자 하는 새로운 패러다임으로 접근해야 할 필요성이 있다.

시원하게 소통하는 기독교

예수님은 이 세상에 오셔서 하나님과 우리 사이에 놓여 있는 깊은 불소통의 현상을 소통으로 이어주시기 위해서 십자가에서 죽으셨다. 성육신을 소통의 관점으로 바라본다면 기독교인은 마땅히 세상에 대하여 성육신하신 예수님을 본받아 자신이 그리스도인으로서 소통의 도구로 쓰임받고자 해야 할 것이다. 정복의 시대는 지나갔다. 군림의 시대는 지나갔다. 하나님의 절대적 권위는 분명히 존재하지만 세상은 그 하나님의 절대적인 신적 권위를 인정하기에는 그들의 삶이 너무나 상대적인 문화속에서 살고 있다. 예수님이 그러하셨듯이 우리 기독교도 세상에 대하여 소통의 관점을 가지고 상대적인 문화속에 살고 있는 사람들에게 들어가서 소통하고자 몸부림친다면 하나님과 세상을 이어가는데 중간 매개로서 쓰임받는 소중한 도구가 될 것이다. 세상과 충돌하는 존재로 접근하는 것이 아니라 그들 속에 있는 다양성과 개인주의적 성향, 그리고 상대성의 논리들을 끌어안고자 노력해야 할 것이며 또한 그 정도에서만 머무는 것이 아니라 그들과 충분히 대화하며 진리로 이끌 수 있는 안내자의 역할도 하면서 그들의 한계를 뛰어넘을 수 있는 대안의 역할을 감당해야 할 것이다.

그러한 역할을 하는 데 뛰어난 도구 중에 하나가 바로 모바일 네트워킹라고 할 수 있다. 모바일 네트워킹은 기독교인들 간에도 소통의 장을 마련해줄 뿐만 아니라 기독교인과 비기독교인 간에 소통의 기회를 열어 줄 수 있는 매우 탁월한 도구가 된다. 세상은 변하고 있다. 사상도 변하고 있다. 그러나 진리는 불변한다. 불변하는 진리를 변하는 세상의 사상과 문화속에 원색적인 모습으로 제시하면 세상은 거부하고 만다. 세상은 기독교가 부드러운 태도로 자신들에게 눈높이를 맞추어서 진리 가운데로 안내해달라고 한다. 수많은 도구가 있겠지만 특히 젊은 세대를 향한 훌륭한 소통의 도구가 있다. 젊은 세대에게는 그들에게 맞는 문화적 접근 수단을 가지고 가야 한다. 그들은 사이버 노매드의 세대다. 시공간을 초월하여 어디서든지 정보를 수집하고 자기에게 맞는 정보를 취사선택하는 문화에 익숙해져 있다. 자신들이 필요한 것이라면 얼마든지 열린 마음으로 받아들인다. 그러나 소통하지 않으려고 하는 존재에 대해서는 거부감을 가진다. 모바일 네트워킹은 열린 장소이다. 어떤 관점에서 보면 그 안에는 절대적인 진리는 찾아보기 힘든 공간이라고 볼 수도 있다. 그러나 창조주 하나님은 그 사이버 공간, 모바일 네트워킹 환경 안에서도 성육신 하신 예수님 십자가의 구속의 은총을 보여주시기 위해서 우리를 사용하시고자 재촉하고 계신다고 믿는다. 기독교가 자신만의 특유한 옷을 입지 않고서도 그들과 소통할 수 있는 모바일 네트워킹 시스템을 개발할 필요가 있다. 인생의 근본적인 문제, 그들이 안고 있는 고민들, 종교적인 문제들까지도 얼마든지 대화하며 소통할 수 있는 장을 열어놓고 기다리며 나아가서 문을 두드릴 수 있는 시스템이 우리안에 구축되어야만 한다.

기독교 사역에 소통의 날개를 달자

이제 우리는 교회를 비롯한 기독교 사역에 있어 모바일 네트워킹 서비스를 어떻게 활용하여 사역의 효율성을 극대화할 것인지 연구해야 한다. 또한 세상을 향한 소통의 도구로서 모바일 네트워킹 서비스를 어떻게 활용할 것인지에 대해 연구해야 할 필요가 있다. 특히 요즘 스마트폰 사용자가 급증하고 있는데 여기에 발맞춰 모바일 네트워킹 서비스 중에서도 SNS(소셜 네트워크 서비스)의 사용을 적극 활용할 가치가 있다. SNS는 컴퓨터상에서 인터넷에 연결하여 얼마든지 사용이 가능하지만 그보다 더 큰 장점은 스마트폰 같은 모바일 기기에서 공간의 제약없이 어디서나 사용하기가 편리하다는 점이다. 이러한 특성을 최대한 활용하여 기독교 사역에 적극 도입하여 사역의 장을 넓혀 가는데 관심을 가져야 하겠다.

최근 대다수의 스마트폰 사용자가 이용하고 있는 대표적인 SNS는 트위터와 페이스북이다. 이러한 서비스를 기독교사역에서 어떻게 활용하면 좋을지 몇 가지 제안을 해본다.

첫째, 교회에서 담임목사의 적극적인 SNS 사용을 적극 권하고 싶다. 담임목사의 적극적인 SNS 활용은 교인들과의 소통을 빠르고 넓게 할 수 있는 장점이 있다. 담임목사를 직접 만나기 부담스러운 교인들도 SNS 상에서는 얼마든지 친근감있게 접근하고 소통할 수 있다. 그래서 마음과 마음이 이어지는 따뜻함이 스며드는 나눔의 장을 추구할 수 있게 된다. 이는 특히 젊은 사람들과의 소통을 촉진시키는 효과가 기대된다.

둘째, SNS를 활용한 큐티나눔을 할 수 있다. 많은 사람들이 큐티를 하고 있다. 그러나 정작 나눔을 가지고 싶어도 장소의 제한, 시간의 제한 때문에 적절한 나눔을 하지 못하는 실정이다. 여기에 SNS를 활용한다면 공간이나 시간에 얽매이지 않고 나눔들을 좀 더 자유스럽게 할 수 있을 것이다.

셋째, SNS를 대내적으로는 교회행사 등을 광고하고 참여를 홍보하는

데 적극적으로 활용할 수 있다. 대외적으로는 교회자체를 홍보하고 행사 등에 초청할 수 있는 수단으로 사용할 수 있다. 이때 비그리스도인들이 호감을 가질 수 있는 소통의 수단으로 활용하는 것이 포인트다.

넷째, 지역내 교회들이 연합하여 지역사회를 위한 문화행사 등 이벤트를 만들어내는 데 소통의 도구로 사용할 수 있다.

다섯째, 사이버 심방에 적극 활용할 수 있는 가능성이 있다. 직접 심방하기 힘든 시간적, 공간적 제약을 가진 성도들을 심방하는 효과를 기대해볼 수 있다.

여섯째, 중보기도를 나누고 함께 기도하는 기도네트워크로 활용할 수 있다.

반지의 제왕과 나니아 연대기, 그리고 SNS

포스트 모던시대에 살고 있는 우리는 얼마만큼 소통의 관점으로 세상과 접촉하려고 했는지 점검할 때가 되었다. 밀어붙이기 식의 접근 방법은 받아들이는 이로 하여금 마음의 문을 굳게 닫도록 만든다. 각 교회들마다 문화센터라는 이름으로 지역주민들에게 문화적 소통의 길을 열어놓으려는 시도를 많이 하고 있다. 이도 좋은 현상이라고 볼 수 있다. 처음에 의도했던 대로 지역주민들과 소통하기 위한 시도를 계속하고자 한다면 문화센터도 또 하나의 소통의 장으로서의 역할을 할 수 있다고 본다. 하지만 교회라는 장소에 매여 있다는 한계가 있다. 모바일 네트워킹의 장점은 공간과 시간을 뛰어 넘으면서 소통의 공간으로서의 역할과 소통의 매개로서 역할을 감당할 수 있다는 장점이 있다. 그러므로 기독교인들이 모바일 네트워킹이라는 매개체의 활용도를 최대화할 수 있는 컨텐츠를 만들어내는 데에 좀 더 적극적일 필요가 있다. 톨킨과 루이스는 각각 반지의 제왕과 나니아 연대기라는 작품을 통해 판타지라는 매개를 이용해 그리스도인 뿐만 아니라 비그리스도인들에게도 기독교적 가치관에 접촉하도록 하는 소통의 작업을 감당했다고 볼 수 있다. 이제는 더 나아가 모바일 네트워킹의 범용화 시대에 맞춘 소통의 컨텐츠 개발에 관심을 가지고 적극적으로 활용할 필요가 있다. 우리는 이러한 소통의 작업에 좀 더 속도를 낼 필요가 있다. 세상은 서로간에 활발한 소통을 위해 발빠르게 움직여가고 있는데 우리는 그에 비해 속도감이 떨어진다. 지금보다 더 적극적인 관심과 개발과 투자를 통해 세상과 거부감 없이 소통할 수 있는 기독교의 모습으로 계속 옷 입어 나가기를 소망해본다.

새로운 소통의 도구로 대화하는 교회

이길원 노량진교회 부목사

요즘 세대는 아이폰을 쓰는 세대와 쓰지 않는 세대로 나뉜다는 말이 있을 정도로 스마트폰의 열풍 가운데 있다. 'TGIF' (트위터, 구글, 아이폰, 페이스북)와 함께 거론되며 유비쿼터스 시대와의 접목으로 이어지는 '웹 3.0' [1] 시대라는 새로운 인터넷 환경이 도래하고 있다. 그리고

---

1) 웹 3.0(Web 3.0)은 월드 와이드 웹이 앞으로 어떻게 될 것인지를 서술할 때 쓰이는 용어이다. 최근의 웹 혁명을 서술하기 위해 쓰이는 웹 2.0이라는 구문의 도입에 따라 수많은 기사와 기자, 그리고 산업을 이끄는 사람들이 웹 3.0이라는 용어를 사용하여 앞으로의 인터넷 혁명의 파동에 대한 가설을 세운다. 월드 와이드 웹의 혁명의 다음 단계에 대한 관점은 매우 다양하다. 어떠한 사람들은 시맨틱 웹과 같은 새로 생겨난 기술들이 사람들에게 쓰이는 웹을 변형시킬 것이며 인공 지능에 대한 새로운 가능성을 부여할 것이라고 믿고 있다. 다른 공상가들은 인터넷 연결 속도가 빨라지고 모듈식 웹 애플리케이션의 수가 증가되며 컴퓨터 그래픽스가 앞서 나가게 됨에 따라 월드 와이드 웹의 혁명에 중요한 역할을 하게 될 것이라고 넌지시 말을 던지기도 했다.(위키백과참고)

이런 변화의 중심에는 아이폰을 필두로 하는 스마트폰들이 견인차 역할을 하고 있다. 스마트폰은 새로운 형태의 어플리케이션을 통하여 디지털 문명의 이기를 손안에서 언제 어디서든지 누릴 수 있도록 해주는 큰 장점이 있다.

손안의 컴퓨터라고도 불리워도 전혀 손색이 없는 스마트폰의 기능은 불과 얼마전까지만 해도 이메일을 확인하거나 다른 사람과의 의견을 주고 받기 위하여 가까운 컴퓨터나 인터넷망을 찾아가 이용했던것과는 다르게 어느장소에 있던지 휴대전화만 연결된다면 동시에 모든 일들을 가능하게 해준다. 휴대전화를 통하여 언제 누구와도 의견을 주고받을 수 있고 심지어 새로운 상황이 발생하였을 때에 그 뉴스의 전달 속도도 텔레비전과 신문보다도 빠를 때도 있다. 여론을 형성하기도 때론 왜곡하기도 하는 하나의 툴(tool)이 되어가고 있다. 그러기에 요즘 이 사회의 중요한 화두중의 하나가 '소통' 이라면 스마트폰은 그 방법중의 하나로서의 역할을 충분히 해내고 있다.

이런 소통(communication)은 목회의 영역에서도 마찬가지이다. 시대의 변화에 맞추어서 목회의 현장에서도 스마트폰을 이용한 새로운 접근을 얼마든지 할 수 있을 것이다. 교회에서 주일에 예배를 드리는 것만으로 성도들에게 대한 목회를 충분히 담당하기에는 무리가 있다. 담임목사가 많은 성도들과 의견을 주고받거나 또는 상황을 파악하기도 쉽지 않다. 주일에 교회에 나와서 예배를 드리는 것 이외의 성도를 향한 다양한 접근이 반드시 필요한데 그러기 위해서는 물리적인 장소와 시간을 확보하기가 쉽지 않다. 완벽하지는 않지만 이럴 때 SNS(Social Network Service)의 활용은 좋은 선택중의 하나가 될 수 있다.

그 중 가장 돋보이는 것으로는 '트위터' 를 들 수 있다. 트위터는 140

자 이내의 짧은 글을 올리는 것으로 사용자가 올린 글은 자신을 팔로윙(following)하는 모든 이들이 읽을 수 있다. 말하자면 자신의 팔로워(followers)들과 짧은 의사소통을 하는 도구이다. 트위터는 2006년도에 처음 생긴 이래 하루에 30만 명씩 가입하는 가장 인기 있는 의사소통 기능이다. 스마트폰으로 유명 연예인은 물론 기업 CEO들까지 트위터와 페이스북으로 친구들 혹은 고객들과 실시간으로 대화한다.

보편화는 되지 않았지만 목회자들 중에서도 성도들과의 소통에 나서는 목회자들이 있다. 분당에 있는 만나교회 김병삼 목사는 최근에 '영적인 얼리어댑터'로 불리고 있다. 기계에 익숙하지는 않지만 소통을 위하여 트위터를 시작하였다. 주일 설교가 끝나고 나면 그의 트위터에 그날 설교에 대한 소통이 이루어진다. 대외적인 행사를 트윗에 올리면 기도하겠다는 격려의 글들이 올라온다. 뿐만 아니라 최근에 자신의 모교 방문의 길에 자신과 팔로워 된 학생들과 식사를 하면서 후배들을 격려하고 만나는 장을 만들기도 한다.

김병삼 목사가 트위터를 시작한 이유는 목회자들에게 좋은 목회적 단서를 제공한다. "소통이라는 것은 굉장히 중요한 주제입니다. 우리가 지금 살고 있는 시대를 포스트모던 시대라고 하죠. 포스트모던은 권위를 인정하지 않는다는 특징이 있습니다. 과거에는 일방적인 소통이 많았다면, 지금은 쌍방의 소통이 이루어져야 커뮤니케이션이 되는 것이지요. 많은 교회들이 소통에 어려움을 겪고 있습니다. 그 어려움을 들여다보면 핵심은 전통이라는 틀에 있습니다. 소통하려고 하지 않고 그동안 해왔던 방식을 고수하는 것이죠. 제가 트위터를 하는 것도 목회적인 관점에서 상징적인 의미가 있습니다." 특별히 청년들과 소통을 하면서 청년들을 이해하게 되었다고 말한다.

만나교회는 본격적인 소통을 위한 준비를 하고 있다. 우선 교회 내의 미디어 팀을 미디어실로 격상시키고, 교회내에서 목회자와 성도, 성도와 성도 간의 소통과 공감의 장을 마련하기 위해 트위터나 스마트폰 어플리케이션 등의 미디어에 목회적 접근을 시도하고 있다. 또한 미국의 'Mars hill church' 와 같이 만나교회 어플과 팟캐스트 서비스를 준비하였고 어플은 올 10월부터 시행하고 있다.

최근에 물의를 일으켜서 조심스럽긴 하지만 단 시간에 청년중심의 부흥을 이룬 삼일교회도 온라인과 오프라인을 넘나드는 소통이 부흥에 큰 역할을 하였음을 알 수 있다.

'항상 기뻐하라 쉬지 말고 기도하라 범사에 감사하라 이것이 그리스도 예수 안에서 너희를 향하신 하나님의 뜻이니라' (살전5:14~16)

스마트폰을 통한 SNS의 약진은 비단 기술의 발달을 이야기하는 것은 아니다. 인간이 접하는 발달한 기계가 아닌, 그 기계를 이용하여 사람과 사람이 만나는 것이다. 그 과정에서 사랑도 감정도 의견도 갈등도 생겨나는 것이다. 그렇기 때문에 겉으로 들어나는 물리적인 공간은 아니지만 분명한 영향력을 미치고 실재하는 공간인 것입니다.

이건 마치 우리의 신앙의 모습과 다르지 않다. 믿음의 눈으로 바라보는 절대자 하나님에 대한 존재도 역시 보이지 않지만 분명한 실제로 고백하는 부분이기 때문이다. 바로 이 점에서 접촉점을 찾을 수 있을 것이다. 새롭게 등장하는 소통의 툴도 분명한 목회의 영역이고 수단이며 우리가 이루어야 할 하나님의 나라이기 때문이다.

이런 SNS의 활용을 통하여 세상과 소통하는 것은 신앙에 있어서 매우 중요한 것이고 그것이 곧 하나님과의 소통으로 연결될 수 있기 때문이다.

데살로니가 전서의 말씀처럼 항상 기뻐하고 쉬지 말고 기도하며 범사에 감사하라는 신앙인들에 대한 하나님의 뜻은 오늘 이 시절에 신앙인들의 삶속에서 하나님과의 소통을 말씀하고 있는 것이다. 어떤 상황이나 환경 속에서도 하나님의 음성을 들어야 하고 또 기도해야 한다. 어쩌면 이것의 현대적인 표현이 하나님과 네트워크로 연결되어져야 한다는 표현일 것이다. 지금은 스마트폰과 SNS를 통하여, 다음 시대엔 또 다른 옷으로, 지금까지는 기도와 영성의 훈련을 통하여 보여져왔던 것이다.

변화의 시대에 맞춰 지속적으로 하나님과 대화하면서 모든 공간에서 하나님의 나라를 완성해 가야 한다. 시공간은 바뀌었어도 주제는 역시 우리를 구속하여 주신 하나님의 사랑과 예수 그리스도의 보혈의 은혜, 그리고 말씀하시고 행하시는 하나님의 손길이 되어야 한다. 모든 것이 연합하여 하나님 나라의 선을 이루는 오늘날의 성숙한 소통하는 그리스도인들이 되어야 할 것이다.

트위터 공간에서 맛보는 하나님 나라

고성욱 숭실대학교 기독교학대학원 기독교문화학과

트위터는 사람들이 사는 세상과 같다. 단지 그 공간이 온라인에 타임라인이라는 곳으로 집약될 뿐 일반 사회의 그것과 다르지 않다는 것이 내가 트위터를 10개월 정도 써보고 난 소감이다. 이 공간에서도 사람들은 서로 만나고 –그 만남은 오프라인으로 이어지기도 한다– 대화하고 친해지고 사귀기도 하며 간혹 싸움도 일어난다. 뜻이 맞는 사람들끼리 커피모임, 자동차모임, 외국어공부 모임 등이 만들어지는가 하면 억울하게 누명을 쓰고 멀리 외국에서 수감되었던 사람을 구출해내기 위한 활동들까지도 구체화되어지기도 한다(한지수사건).

이렇듯 트위터는 세상과 사회의 축소판이라고 할까, 사회 그 자체의 한 모습이라고 할까 그 모습이 우리들이 살아가는 현재와 닮았다. 아니 현재 그 자체이다.

일반 사회 속에 교회와 크리스찬의 모습과 활동들이 있듯이 당연히 트윗(트위터를 하는 과정 자체를 트윗이라고 한다) 안에서도 그러한 활동들이 있다. 많은 기독인들이 트윗안에 있으며 이들은 그냥 사회의 한 사람으로서 혹은 같은 믿음을 가진 사람들끼리 어울려서 트위터의 한 영역을 차지하고 있다.

종종 성경의 말씀이나 은혜로운 문구들을 트위터에 올리면 많은 믿음의 사람들이 그 글을 RT한다. 아니면 리플로 아멘이라는 표현이나 도전이 된다는 식의 답글을 보내오기도 한다.

누가 내가 올린 글들을 보게 될지는 모르지만 트위터 사용자 200만이 넘어서는 지금에서 그 안에 일부를 차지하는 크리스찬들 중에 글을 보고는 그런 답들을 보내오는 것이다.

어떤 경우는 신앙의 상담을 해오는 경우도 있다. 쪽지기능을 통해 둘만의 대화가 오고 간다. 한 번은 교회에 관한 글을 올렸다. '교회생활이 좀 불만족하더라도 주님께도 우리는 만족스러운 사람이 아닐 수 있지만 우리 위해 죽으신 주님의 몸 된 교회를 잘 섬기자' 는 내용이었다. 글을 올린 후에 한 팔로어가 쪽지로 상담을 해왔다. 자신은 교회가 너무 실망스러워서 교회를 떠나 있다는 것이다. 그래서 우리는 한동안 그 문제에 대해 트윗을 통해 대화를 나누었고 그 분은 좋은 결론을 내리게 되었다.

일반의 삶 속에서 일어날 수 있는 일들이 트윗에서 고스란히 오픈되는 것이다.

또 아직 기독교 신앙에 대해 확신이 없는 초신자와 대화를 나누며 도움을 준 적도 있다.

나는 이 트윗이 오프라인을 얼마나 움직일 수 있는지에 대해 관심이 생겼다. 왜냐면 이 SNS를 잘 활용하면 하나님 나라에 큰 도움이 될 수 있겠다는 마음이 들었기 때문이다.

그것을 생각하던 중에 좋은 기회가 왔다.

춘천의 한 개척교회로 뜻이 있어 떠난 친구전도사에게 연락이 왔다. 오랫동안 돌보는 사람이 없는 교회인지라 시골 분들 몇 분과 군인들만 좀 있는 교회란다. 설교를 해야 하는데 마이크 시스템이 엉망인지라 설교를 할 수가 없다는 내용이였다. 나 또한 그리 넉넉지 않은 사역자인지라 잠깐 기도한 후에 바로 트위터에 이 내용을 올렸다.

얼마의 시간이 지나서 트위터를 통해 5명의 사람들이 반응을 보여왔다. 그 중 세 사람은 이 일을 도울 수 있을 만한 곳이라고 각자 생각한 곳의 연락처 등을 알려주는 간접적인 도움이었고 두 사람은 직접적으로 자신의 교회와 단체 등에서 활용하던 음향 시스템을 전해줄 수 있다는 반가운 연락이었다.

감사의 마음을 전한 후에 친구와 그 두 분은 연락을 취한 뒤 고맙게도 두 분 다 자신들의 차량으로 춘천까지 장비들을 실어다 주기까지 했다.

설치가 끝나고 친구전도사가 그 두 분을 각각 대접하고 나서 연락이 왔다.

공교롭게도 두 사람이 가져다 준 장비가 마치 한 세트로 나온 것처럼 구색이 딱 맞는다는 것이었다. 그리고 예배 때도 설교할 때도 너무 편하다는 감사의 표현이었다.

이 이야기를 건네 듣고 나는 트위터 안에서도 하나님께서 일하시고 계신다는 확신을 하게 되었다. 사람들이 있는 곳에 그리고 믿는 이들이 모인 곳에는 하나님께서 그 말씀처럼 함께 계신다. 그리고 그 일들은 이 공간, 트위터를 통해 더 큰 일들도 하실 수 있지 않을까 생각해보게 되었다.

나는 평소에 두 가지의 생각을 늘 하고 있었다. 하나는 교회의 청년들이 바른 신앙 관과 기독교적 세계관을 가지고 교회 안에서 뿐 아니라 세상 속에서 영향을 발하는 청년들이 되기를 바라는 마음이 있었고 또 하나는 교회가 작다거나 체계적인 훈련이나 비전의 제시가 없는 흩어져 있는 크리스천 청년들이 모여서 함께 믿음을 공유하고 세상을 섬기며 크리스천으로 어떻게 살아갈 것인가에 대한 비전을 꿈꾸는 모임을 만들어 보고 싶은 것이었다.

그래서 트위터 안에 '바실레이아' 라는 모임을 만들어서 이 일을 도모해 보고자 하였다. 이 모임은 일반 인터넷사이트의 카페와 클럽과 같은 성격인 모꼬지라는 트위터의 기능을 활용해서 모임을 만들었다.이 모임은 처음 오프라인 모임 때 14명의 청장년들이 모여서 교제하고 트위터와 SNS를 통해 어떻게 우리가 살아가는 현실의 세계 속에 하나님의 영광을 나타낼 것인가에 대해 나누었다.

트위터의 성격으로 볼 때 작은 만남의 모임치고는 14명의 인원은 상당히 많은 수가 모인 것이라는 생각이 들었다.

이 일은 나에게는 참 놀라운 경험이었다.

이전까지는 한 하나님을 섬긴다는 것 외에는 만난 적도 본적도 없는 사람들이 모여서 기도를 하고 트위터에 대해 나누고 하나님 나라에 대해 나누었기 때문이다. 그리고 각자가 어떻게 하나님 나라를 섬기기 위한 우리 삶의 작은 시도들을 할 것인가에 대해 나누었기 때문이다.

처음 모임이라 서먹함도 어색함도 있었지만 일의 시작치고는 나쁘지 않은 결과가 나왔다는 생각이 들었다. 어떤 가능성을 보았다고 할까?

그리고 처음 모임에 중국에서 조선족 교회를 섬기고 있는 한 조선족 전도사를 위한 헌금을 했다. 전도여행을 통해 개인적으로 알고 있는 조선족인 전도사로부터 한글로 된 신앙 서적을 보내달라는 부탁을 받은 바 있었다. 그래서 나는 그 필요를 나누었고 모임에 온 사람 중에 몇 분이 그 일에 대해 헌금을 해주었다. 그래서 큰 부담 없이 필요한 신앙 서적을 구입하고 송금료를 지불해서 신앙 서적을 보냄으로 작게나마 선교에 이바지할 수 있었다는 기쁨을 맛보는 시간이기도 했다. 이것을 함께 할 때 가능한 일이다.

다음 모임에는 처음 모임의 경험을 살려 10명 미만의 소그룹 모임을 지향했다. 충분한 대화와 나눔과 공유가 되려면 10명이 넘는 모임은 부담스럽다는 생각이 들었다. 그리고 보다 뚜렷한 주제를 만들기 시작했다.

그 중에 하나가 우리 기독교역사에 대한 바른 지식이 크리스천들 안에 있어야겠다는 생각 하에서 일제시대 당시 조선의 교회와 성도들의 항일 운동과 민족교회로서의 역할에 대해 나누기 시작한 것이다.

이 일을 시작하게 된 계기는 우연히 반기독교적 활동을 하는 사람들이 만든 동영상에 기독교가 일제시대 때 친일을 한 단체라는 잘못된 자료의 영상이 제작된 것을 보고는 이래서는 안되겠다고 생각을 한 계기이다.

그들과 맞서서 논쟁과 바른 역사적 자료를 줄까 하다가 그들은 진리에 반응하지 않고 싸우기 위한 목적이란 것을 알고는 기도 가운데 먼저 성도들이 우리 교회의 역사를 바르게 알아야겠다는 생각에서 시작했다.

모꼬지를 통한 내용을 공지하고 모임을 하였다. 청년들이 참석했고 모임에 관여하지 않았지만 한 크리스천인 초등학교 교사가 관심이 있노라고 남편을 통해 강의에 참여를 했다.

나는 대학원에서 수업하고 연구한 자료들을 가지고 일제 때 우리나라의 기독교가 얼마나 항일운동과 독립운동에 앞장 섰으며 실제로 독립운동의 역사는 조선기독교 교회사라고 해도 틀리지 않음을 자료와 역사적 기록들을 참고로 나누기 시작했다.

모임의 반응은 무척 좋았다. 모두가 우리의 교회 역사에 대해 자부심을 가지게 되었어 자랑스러웠으며 트위터로 만난 모임이 이렇에 유익하고 좋은 분위기의 모임이 될 수 있다는 것에 대해 큰 만족들을 가지게 됨을 느낄 수 있었다.

모임에는 오지 못했지만 많은 트위터의 모임에 관계된 사람들이 반응과 응원을 보내주었으며 자료와 질문들이 계속되었다

이 일련의 일들을 보면서 나는 다시 한 번 트위터가 하나님 나라의 일에 정말 큰 도움이 될 수 있고 지금 진행 중이라는 사실을 볼 수 있게 되었다.

트위터의 또 하나의 놀라운 축복이 있다면 나만의 일반적인 삶의 사이클 속에서나 내 삶의 범위 안에서는 쉽게 만날 수 없는 사람들을 만날 수 있다는 것이다.

한 번은 한 사람이 나에게 말을 걸어왔다. 그의 프로필에는 크리스찬이라는 것과 핸드폰 연구를 한다는 소개가 되어 있었다. 나중에 알고 보니 이 형제는 한국에 가장 큰 전자회사에 핸드폰 사업부 팀장으로 일하는 소위 잘나가는 유학파 엘리트였다. 게다가 지금 가장 치열한 스마트폰의 전쟁에 한 가운데 있는 유능한 사람이었다. 그런데 내가 이 형제를 알고 나서 가장 기뻤던 것은 이 사람이 유능하고 큰 회사의 직원이어서가 아니라 이 사람이 지금 진정으로 싸우고 있는 싸움의 가치를 알게 되었던 것 때문이다.

이 형제는 그 회사 안에서 신우회를 만들고 회사 내에 교회를 세우기

위해 힘겨운 영적 전쟁을 하고 있는 사람이었다. 또 언제고 비즈니스를 통해 하나님 나라를 확장해 가려는 귀한 꿈을 준비하는 신실한 하나님의 일꾼이었다. 교회도 다르고 사는 곳도 다르고 쉽게 만날 수 없는 사람을 만나고 많은 도전과 유익을 받을 때 트위터를 통한 만남과 그로 인해 하나님 백성들이 연합할 수 있다는 것이 참으로 큰 유익이라는 생각이 들었다.

우리는 그 후로 종종 만나 식사하면서 비전을 나누고 기도의 제목을 나누며 함께 하나님 나라를 확장시켜가기 위한 마음들을 나눌 수 있는 동역자로 섬기게 되었다.

한 번은 평소에 트위터 안에서 대화하던 한 분께서 자신이 어느 교회에 고등부를 담당하는 교사라고 소개를 하셨다. 그리고는 교회에 선교헌신 예배가 있는데 와서 설교를 해달라는 부탁을 하셨다. 내가 일본에 선교사로 5년간 사역을 했었고 지금도 선교사역에 관여하고 있음을 틈틈이 나누었는데 내 생각이 났다는 것이다. 그 일은 나에게 좋은 기회였고 또 한 번의 좋은 만남과 동역자를 만나는 좋은 기회가 되었다. 교회에 방문해서 말씀을 전하고 강의를 하는 것이 내 주된 사역 중에 하나였기 때문에 나에게도 큰 도움이 되었다.

이 집사님은 지금도 좋은 트위터 친구로서 모임과 행사가 있을 때마다 함께하는 좋은 동역자로 참여해 주시고 있다.

마지막으로 생각나는 일이 있다.

책을 좋아하고 새로운 책을 읽고 싶은 욕구가 지나친 나는 가끔 책을 새로 구입하는 것이 무척 버거운 일이되 곤 한다.

그래서 한 번은 지금 학업중인 숭실대 대학원 학생으로서 학교 도서관에 신규도서 신청을 해서 원하던 3권의 책을 학교가 구입하여 대출을 해 준 적이 있었다. 나는 그 내용과 책의 사진을 트위터에 재미 삼아 올려놓

았었다. 그런데 놀라운 일이 생겼다. 그 책 중에 두 권이 죠이선교회 출판사에서 내놓은 책이 였는데 마침 그 책 중에 한 권을 번역한 다름아닌 죠이선교회 대표되시는 분이 연락을 해오신 것이다.

'사진을 보았는데 책이란 모름지기 줄도 쳐가면서 자기 책을 봐야지요' 하면서 그 책들을 보내주시겠다는 내용이었다.

값으로 치면 불과 2-3만원 정도의 값어치겠지만 이 마음의 나눔을 값으로 계산할 수 있는 사람은 더 이상 사람이 아니지 않겠나. 그때 내가 받은 감동과 감격은 참으로 계산할 수 없는 그 어떤 것이었다.

트위터는 이렇다.

그 안에 만남이 있고 나눔이 있고 정이 있다. 사랑도 가능하고 구제도 헌금도 베픔도 그리고 감격과 은혜가 있다. 더 나아가 트위터는 많은 사람들을 유익하게 할 수 있다. 물론 트위터 등의 SNS의 부정적인 기능들도 나타나기 시작을 할 것이다.

하지만 크리스천들은 적극적으로 이 온라인 공간을 하나님 나라를 위한 도구로 거룩하게 구별하고 활용하기 위해 열심을 내야 할 것이라는 생각이 든다. 그러는 가운데 하나님께서 이 트위터의 주인임을 인정받으시며 더 그 영광가운데 일하실 것이다.

하나님, 당신이 이 트위터와 SNS 공간의 왕이시며 주인이십니다.

이 공간들이 하나님 나라를 위한 도구 되게 하소서.

소셜 네트워크 서비스(SNS)와 청년(Digital Native)[1] 사역

배현학 숭실대학교 기독교학대학원 기독교문화학과

최근 들어 트위터(twitter)와 페이스북(facebook), 미투데이(me2DAY)와 같은 소셜 네트워크 서비스(Social Network Service)가 등장하면서 대중들에게 빠른 속도로 확산되고 있다. 이러한 소셜 네트워크 서비스의 등장과 확산으로 인해 사회 전반의 소통 구조가 급격하게 변화하고 있다. 일방향 중심의 소통이 모바일 웹상에서 쌍방향 소통 중심으

---

1) 디지털 네이티브는 미국의 교육학자인 마크 프렌스키(Marc Prensky)가 2001년 그의 논문 Digital Native, Digital Immigrants를 통해 처음 사용한 용어로 1980년대 개인용 컴퓨터의 대중화, 1990년대 휴대전화와 인터넷의 확산에 따른 디지털 혁명기 한복판에서 성장기를 보낸 30세 미만의 세대를 지칭한다

로 전환되고 있는 것이다. 실제적으로, 기업에서는 제품혁신이나 마케팅의 일환으로 소셜 네트워크 서비스를 활용하는 사례가 증가하고 있고, 교회에서도 극히 미미하지만 교회와 사회 그리고 목회자와 평신도 사이의 소통을 위해 소셜 네트워크 서비스를 활용하는 경우가 계속적으로 생겨나고 있다. 앞으로 소셜 네트워크 서비스를 활용한 교회 사역은 더욱 활발해질 것으로 전망된다.

교회의 평신도 중에 30세 이하의 청년들은 소위 디지털 네이티브(Digital Native)다. 디지털 네이티브는 개인용 컴퓨터, 휴대전화, 인터넷, MP3와 같은 디지털 환경을 태어나면서부터 생활처럼 사용하는 세대(Generation)를 말한다. 이러한 디지털 네이티브는 다양한 멀티미디어의 활용도가 높을 뿐만 아니라 유무선 인터넷 환경에 익숙하기 때문에 소셜 네트워크 서비스로의 접근성도 뛰어날 수밖에 없다. 진일보(進一步)한 청년 사역자라면 마땅히 디지털 네이티브로서의 자격을 갖춘 청년들의 특징과 성향을 파악하고 그에 걸맞는 사역을 준비하고 실시해야 할 것이다. 그렇다면 디지털 네이티브에게는 어떤 사역을 해야 하는가?

첫째, 소셜 네트워크 서비스를 통한 관계 중심의 사역이다. 현실상 대학이나 직장을 다니고 있는 청년과 청년 사역자가 접촉하기는 쉽지 않다. 일주일에 한 번 정도 교회에서 예배나 소그룹을 통하여 만나는 것이 거의 대부분이다. 하지만 소셜 네트워크 서비스를 활용하면 시간과 장소의 제약없이 청년 사역자가 청년들과 만나서 교제할 수 있고 심방할 수 있다. 그들에게 끊임없이 메시지를 전달하고 격려하고 위로하며 그에 대한 반응을 얻을 수 있는 관계를 형성할 수 있는 것이다. 예를 들어, 페이스북에서 한 청년과 친구가 되고 그 청년의 담벼락에 '쉬지 말고 깨어서 기도하자' 라는 QT 메시지를 남겨보자. 그렇다면 적어도 그 글을 읽은 청년에게서 실시간이나 혹은 시간이 지나서라도 반드시 '아멘' 이라는 답변이 있을 것이다. 예배 중의 설교는 일주일에 한 번이지만 페이스북의 메시지는 365일 내내 전달될 수 있다. 물론 위와 같은 영적인 내용의 대화만이 아니라 일상적인 삶에 관한 대화를 통한 관계 형성도 충분히 가능할 것이다. 청년들이 요구하고 필요로 하는 사역 중에 반드시 있어야 할 관계 사역의 중심으로서 소셜 네트워크 서비스가 활용될 수 있는 것이다.

둘째, 소셜 네트워크 서비스를 통한 전도 중심의 사역이다. 소셜 네트워크 서비스는 교회 청년부에 속해 있는 기존의 청년뿐만 아니라 그 청년과 관계를 맺고 있는 제3의 청년과도 소통할 수 있게 하는 매개체가 될 수 있다. 예를 들어, 한 청년이 교회의 청년 사역자가 트위터에 올린 복음의 메시지를 보고 은혜와 도전을 받아 원문을 입소문내기 기능을 통해 많은 사람들에게 전파했다고 하자. 그러면 그 메시지를 전파한 청년과 관계를 맺고 있는 교회를 다니지 않는 제3의 청년에게도 자연스럽게 그 메시지가 전달될 수 있다. 그런데 그 메시지가 너무 감동적이어서 제3의 청년이 그 메시지로 인해 감동을 받아서 예수 그리스도를 영접하고 교회에 출석하게 된다면 청년 사역자가 직접 만나서 복음제시를 하지 않았는데도 불구하고 전도가 이루어진 것이다. 지나친 비약일지도 모르겠으나 지금의 현실에서 충분히 가능성이 있는 이야기다. 소셜 네트워크 서비스가 교회의 청년부서가 지향해야 할 전도 방법의 중심으로서 활용될 수 있는 것이다.

셋째, 소셜 네트워크 서비스를 통한 모바일 소그룹 중심의 사역이다. 소위 교회에서 셀(Cell)이라고 불리는 소그룹 공동체가 활발하게 운영되고 있다. 하지만 청년들이 자신의 개인적인 사정으로 인해 교회에서의 소그룹 모임에 참석하지 못하는 경우가 종종 있다. 하지만 소그룹 모임에 참석하지 못했다고 해서 아쉬워하거나 근심할 필요가 없다. 페이스북의 페이지 기능이나 트위터의 모꼬지 기능을 활용하여 모바일 웹상에 만들어진 소그룹 모임에 참여할 수가 있기 때문이다. 페이지나 모꼬지 기능은 참여할 수 있는 사람을 소그룹 멤버로만 제한시킬 수 있기 때문에 소그룹에 활용하기가 좋다. 소셜 네트워크 서비스를 통한 모바일 소그룹을 통해 청년들은 정기적인 성경공부나 특정한 주제에 대한 신앙적인 대화를 나눌 수 있다. 점점 대중들의 웹 접근성이 높아지면서 모바일 웹상에서의 소그룹 모임의 가능성이 현장 사역에서 요구되어지고 있다. 소셜 네트워크 서비스를 활용한 모바일 소그룹 모임을 통해 새로운 형태의 소그룹을 운영해 보자.

트위터와 페이스북 그리고 미투데이로 이어지는 소셜 네트워크 서비스로 쌍방향적 의사소통을 하며 집단지성과 집단문화를 갱신해 가고 있는 이 시대의 디지털 네이티브들에게 진정한 지성과 문화가 무엇인지 소셜 네트워크 서비스라는 통로를 통해 알려줄 필요가 있다. 예수님도 대중과 끊임없이 소통하시면서, 그들에게 진정으로 필요한 복음을 전파하셨다. 신분은 전혀 다르지만 비슷한 문제의식을 가지고 있었던 니고데모와 사마리아 여인과의 쌍방향적 대화를 통해 진리를 선포하시고 거듭남과 구원의 길을 알려주셨다.

이제 청년 사역자는 일방향적이고 시간과 공간에 제약을 많이 받는 기존의 오프라인(Off-line)에서의 목회 방식을 넘어서 위에서 제시한 새로운 소셜 네트워크 서비스를 통한 목회 방식으로의 패러다임의 변화가 필요하다. 뿐만 아니라 디지털 네이티브로서의 특징이 있는 청년들에 대한 더욱 구체적이고 전략적인 청년 사역의 방안이 모색되어져야 한다.

다만 유의할 점은, 소셜 네트워크 서비스는 사역자와 청년간의 인터렉티브(Interactive)한 수단이기 때문에 지속적인 관리가 필수적이다. 그리고 불특정 다수에게 자신의 신상에 대한 정보가 쉽게 노출되어 피해를 입을 수 있기 때문에 보안에 있어서 각별히 주의해야 한다는 점이다. 이러한 문제점에 대한 해결책을 갖추고, 소셜 네트워크 서비스를 적극적으로 활용한 청년 사역을 현장에서 실천해 보자. 지금까지 움츠렸던 청년부에 괄목상대(刮目相對)할 성숙과 성장이 있을 것이다.

twitter & facebook

여지혜 숭실대학교 대학원 미디어학과 박사과정

twitter 한국 검색

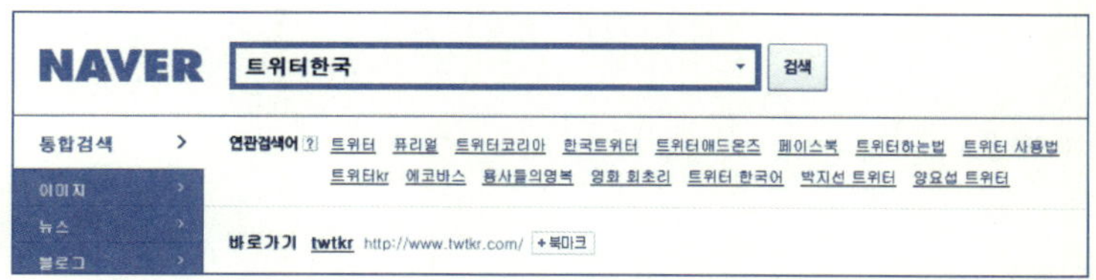

twitter는 드림위즈에서 서비스하고 있는 "twitterkr"을 이용하면 한글로된 twitter를 이용할 수 있다.

네이버에 twitter 한국을 검색하거나 인터넷 주소창에 http://twtkr.com/index/php를 입력한다.

twitter 가입하기

위 그림과 같이 twitter 메인 페이지에 "twitter 회원가입"이 나타나면 클릭한다.

가입 정보 입력

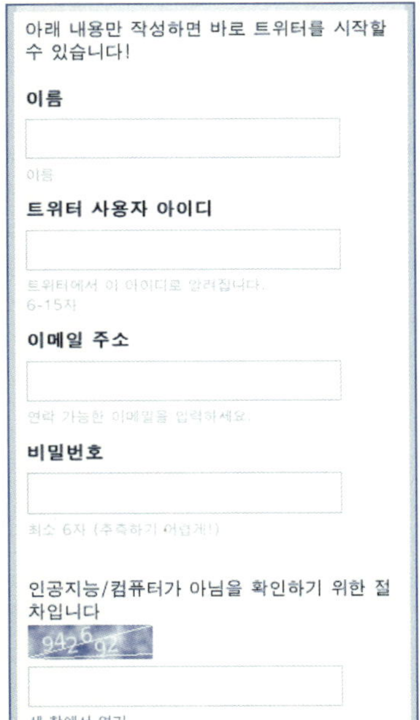

twitter 용어 설명

- 타임라인(TimeLine)
  - 트윗이 실시간으로 표시되는 영역을 말한다.
- 트윗 or 트위트(Tweet)
  - "지저귀다"라는 의미로 twitter의 타임라인상에서 하는 모든 이야기를 말한다.

- 알티 (ReTweet)
  - 특정 twitter의 트윗을 재전송 추천 및 전달의 의미로 재트윗 할 때 사용한다.
- 팔로우(follow)
  - 나의 트윗을 듣는 사람들 또는 그 수를 말한다.
- 팔로윙(following)
  - 내가 트윗을 듣고 있는 사람들 또는 그 수를 말한다.
- 멘션(mention)
  - @상대방 아이디 + 하고 싶은 말을 적어서 보내면 상대방이 자신이 언급된 트윗만 구분해서 확인할 수 있다.

Following하기

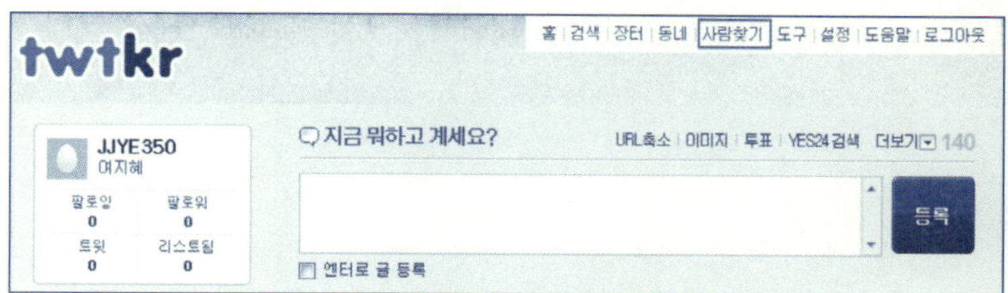

twitter 메인 화면에서 위의 상단에 "사람 찾기" 버튼을 클릭한다.

친구 찾아서 following하기

위의 화면처럼 찾을 사람의 이름을 입력한 후 사람을 찾는다.
그 다음 해당 사람을 팔로윙 한다.

twitter의 자기소개하기

- 자기소개는 총 500자까지 지원합니다.
- http://xguru.net/521

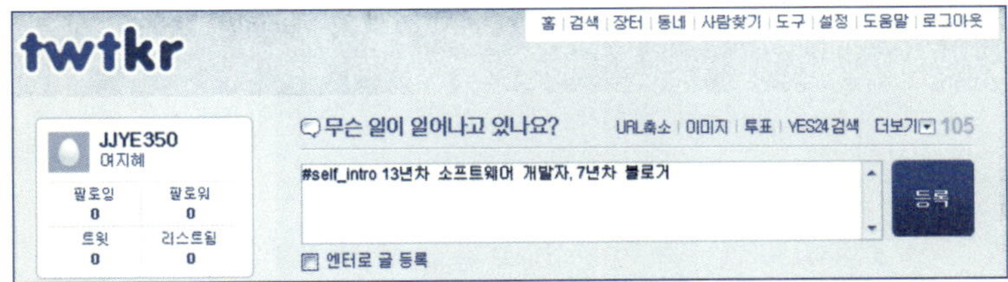

twtkr 사람찾기
홈 | 검색 | 장터 | 동네 | 사람찾기 | 도구 | 설정 | 도움말 | 로그아웃
순위 카테고리
· 전체
· 전체(연예인 제외)
· 연예인(아이돌)
· 연예인
· 스포츠
· 정치인
· 기업인/CEO
· 전문가
· 미디어
· 기업
· 기관/단체
· 팬클럽
· 트위터 서비스
· 인기 트위터
· 유명 트위터
사람찾기
전체(연예인 제외)
더보기
1 이외수 (소설가) @oisoo
2 김연아 (피겨스케이팅) @Yunaaaa
3 김주하 @kimjuha
4 유시민 (국민참여당) @u_simin
5 코리안트위터 @KoreanTweeters
연예인(아이돌)
더보기
1 이동해 (슈퍼주니어) @donghae861015
2 김희철 (슈퍼주니어) @Heedictator
3 닉쿤 (2PM) @Khunnie0624
4 최시원 (슈퍼주니어) @siwon407
5 김재중 (JYJ) @mjjeje

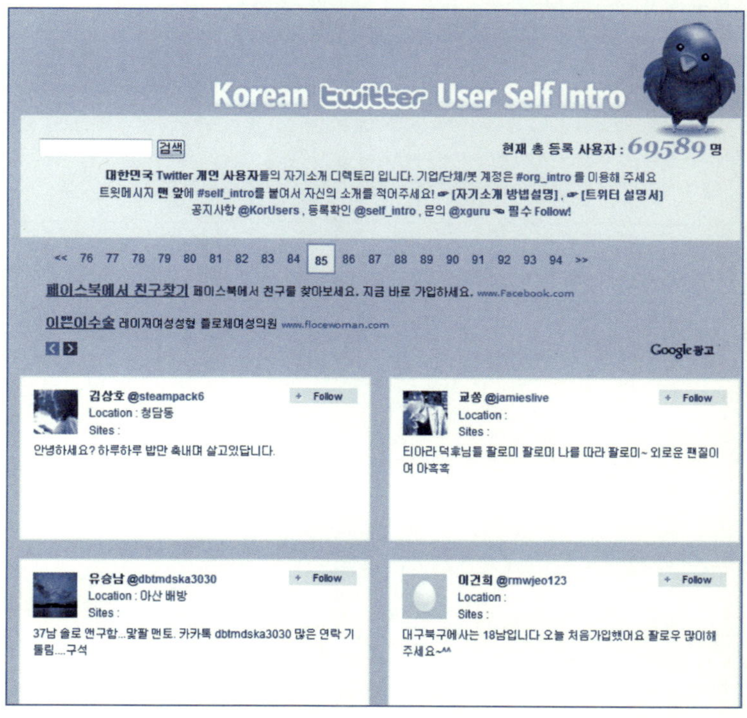
Korean twitter User Self Intro
검색
현재 총 등록 사용자 : 69589 명
대한민국 Twitter 개인 사용자들의 자기소개 디렉토리 입니다. 기업/단체/봇 계정은 #org_intro 를 이용해 주세요
트윗메시지 맨 앞에 #self_intro를 붙여서 자신의 소개를 적어주세요! [자기소개 방법설명], [트위터 설명서]
공지사항 @KorUsers , 등록확인 @self_intro , 문의 @xguru 필수 Follow!
<< 76 77 78 79 80 81 82 83 84 85 86 87 88 89 90 91 92 93 94 >>
페이스북에서 친구찾기 페이스북에서 친구를 찾아보세요. 지금 바로 가입하세요. www.Facebook.com
이쁜이수술 레이저여성성형 플로체여성의원 www.flocewoman.com
Google광고
김상호 @steampack6 + Follow
Location : 청담동
Sites :
안녕하세요? 하루하루 밥만 축내며 살고있답니다.
교쑹 @jamieslive + Follow
Location :
Sites :
티아라 덕후님들 팔로미 팔로미 나를 따라 팔로미~ 외로운 팬질이여 아흑흑
유승남 @dbtmdska3030 + Follow
Location : 아산 배방
Sites :
37남 솔로 엔구함...맞팔 멘토. 카카톡 dbtmdska3030 많은 연락 기둘림....구석
이건희 @rmwjeo123 + Follow
Location :
Sites :
대구북구에사는 18남입니다 오늘 처음가입했어요 팔로우 많이해주세요~^^

코리안 twitter

• http://koreantweeters.com

facebook 가입하기

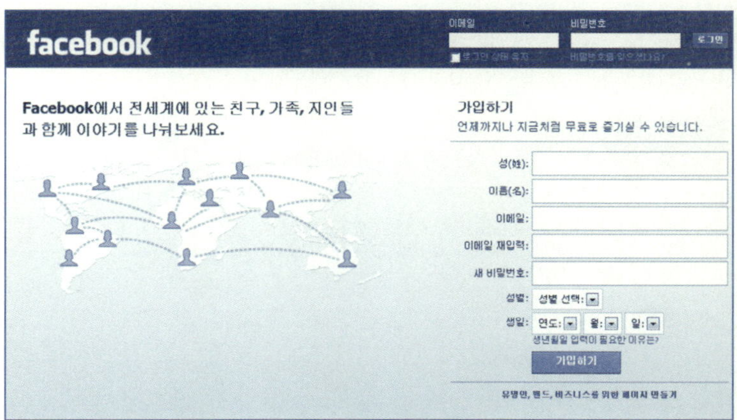

인터넷 주소창에 facebook.com을 입력하면 위의 그림과 같이 facebook 메인 화면이 뜬다. 메인페이지에서 가입하기에 성, 이름, 이메일, 이메일 재입력, 새 비밀번호, 나는, 생일을 입력하고 "가입하기" 버튼을 클릭한다.

가입 후 입력하신 이메일로 발송된 메일을 확인 후에 facebook을 사용할 수 있습니다.

보안확인 문구 입력

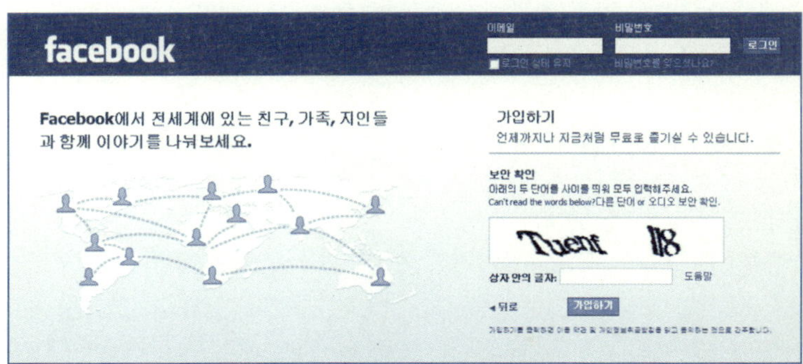

보안확인 문구를 입력한 후 "가입하기" 버튼을 클릭한다.

1단계 건너뛰기 (친구추가하기)

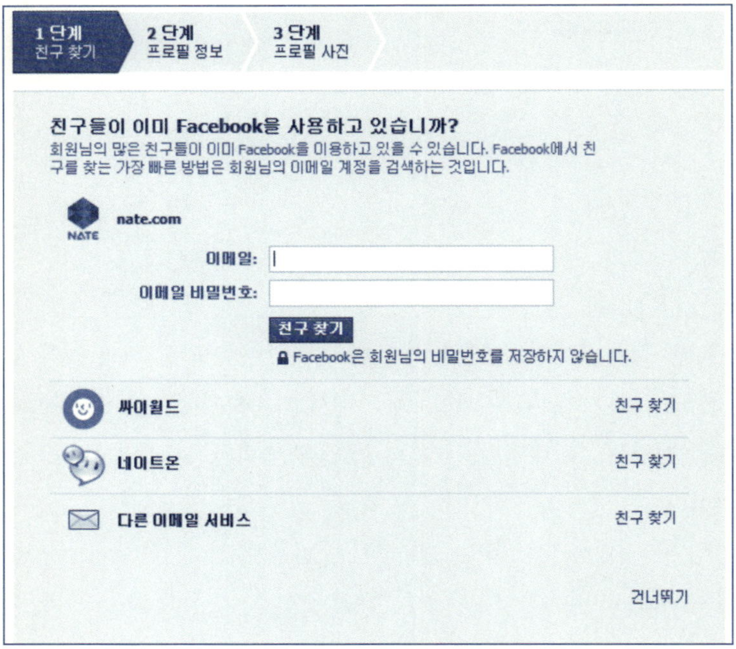

1 단계 친구 찾기
2 단계 프로필 정보
3 단계 프로필 사진

친구들이 이미 Facebook을 사용하고 있습니까?
회원님의 많은 친구들이 이미 Facebook을 이용하고 있을 수 있습니다. Facebook에서 친구를 찾는 가장 빠른 방법은 회원님의 이메일 계정을 검색하는 것입니다.

NATE nate.com
이메일:
이메일 비밀번호:
친구 찾기
Facebook은 회원님의 비밀번호를 저장하지 않습니다.

싸이월드 친구 찾기
네이트온 친구 찾기
다른 이메일 서비스 친구 찾기

건너뛰기

◆ 1단계 친구 추가하기

- 친구 추가하기 창에서는 내가 알만한 사람을 추천해준다.
- 추천해준 친구를 친구로 추가하고 싶으면 "친구로 추가" 버튼을 클릭한다.
- 추천해준 친구를 친구로 추가하고 싶지 않으면 "무시하기" 버튼을 클릭한다.
- 다음에 결정하고 싶으면 "계속하기" 버튼을 클릭한다.

2단계 건너뛰기 (프로필 입력)

1 단계 친구 찾기
2 단계 프로필 정보
3 단계 프로필 사진

프로필 정보 입력
이 정보는 Facebook에 가입한 회원님의 친구를 찾는데 도움을 드립니다.

고등학교:
대학교:
직장:

◂ 뒤로
건너뛰기 · 저장 후 계속하기

◆ 2단계 친구 추천

본인이 나온 고등학교, 대학교, 직장을 입력하고 "저장 후 계속하기" 버튼을 클릭한다.

3단계 프로필 작성하기

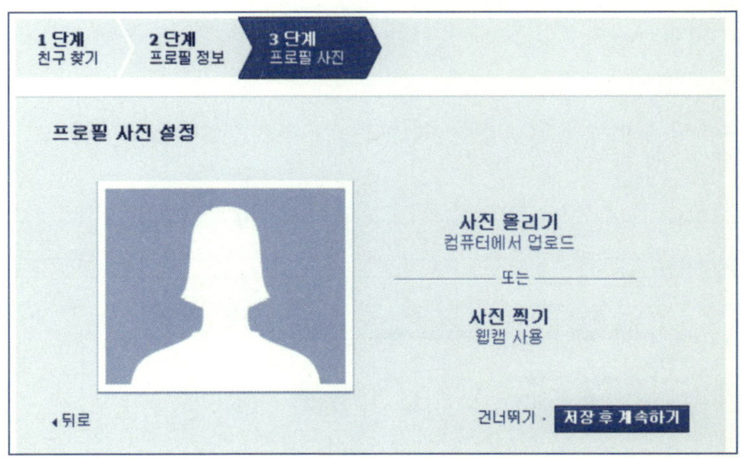

◆ 3단계 프로필 작성하기

• 3단계 개인 프로픽 작성하기 단계이다.

• 컴퓨터에 저장되어 있는 사진을 올리고 싶으면 "컴퓨터에서 업로드" 버튼을 클릭하거나 웹캠이 컴퓨터에 연결되어 있는 경우 "사진 찍기" 버튼을 클릭한 후 "저장 후 계속하기" 버튼을 클릭한다.

이메일 확인하기

• facebook은 가입할 때 등록한 이메일로 가입확인을 위한 메일이 발송된다.

• 해당 이메일을 열고 본문 링크를 클릭하면 가입이 완료된다.

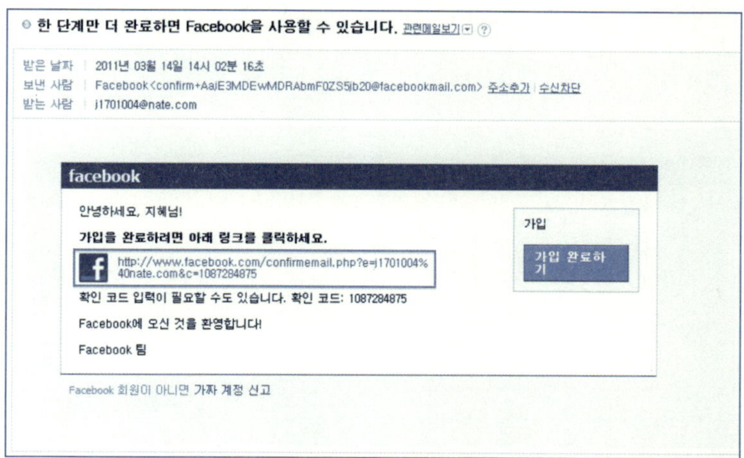

계정확인

facebook 메뉴 둘러보기 (홈, 프로필, 계정 메뉴)

◆ 홈 (뉴스피드)

facebook에 로그인 한 후 처음 나오는 화면은 홈 또는 뉴스피드라고 한다.

내가 쓴 글, 친구들이 쓴 글, 친구가입여부, 댓글 여부, 좋아요 등에 모든 내용을 시간순 또는 인기순으로 한 번에 확인 할 수 있다.

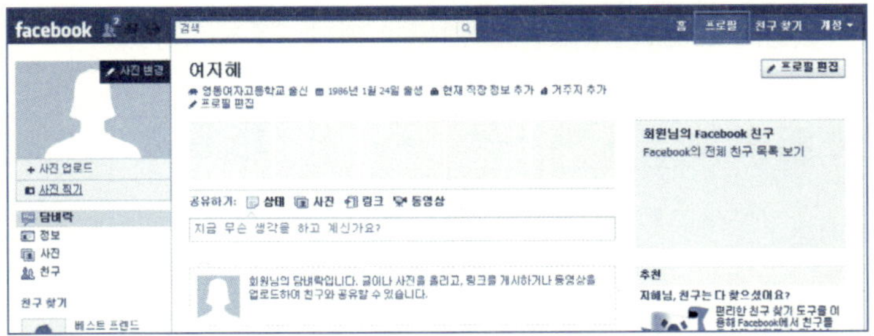

◆ 프로필

- 담벼락 – 내가 쓴 글, 친구들이 쓴 글, 친구가입여부, 댓글 여부, 좋아요 등에 모든 내용을 시간순 또는 인기순으로 한 번에 확인 할 수 있다.
- 정보 – 학교, 직업, 취미, 등의 개인 정보를 보여준다.
- 동영상 – 동영상 파일을 올렸다면 이곳에서 내가 올린 동영상 파일을 한 번에 확인할 수 있다.

이외에도 노트, 이벤트 등 자기가 원하는 탭을 설정할 수 있다.

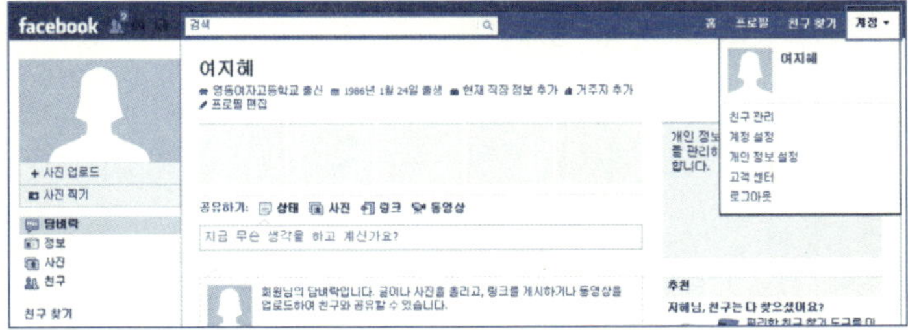

◆ 계정

- 친구 관리 – 친구찾기, 친구추가 등이 가능하고 고급기능을 이용해서 친구목록도 만들 수 있다.

- 페이지 관리 – 내가 관리하고 있는 페이지를 보여준다.
- 계정 설정 – 이름, 이메일, 비밀번호를 변경할 수 있다.
- facebook URL – 나만의 facebook 주소를 만들 수 있다. (예 : facebook.com/ your facebook URL)
- 연결된 계정 – 구글, 야후 등 포털사이트를 연결시켜 로그인하는 기능이다.
- 보안 질문 – 본인 인증시 사용한다.

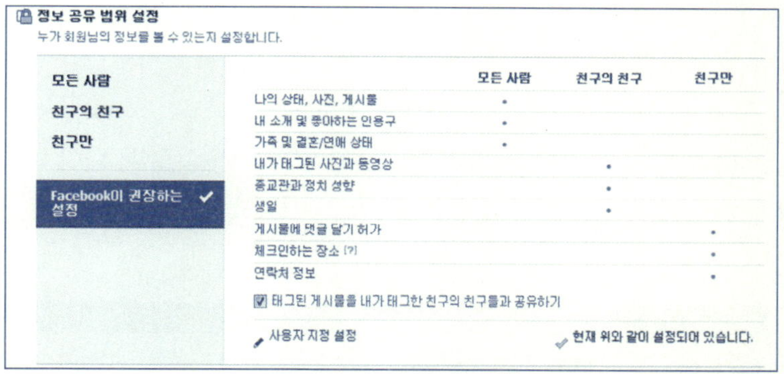

◆ 계정 설정

- 개인정보 – 게시물의 공개 정도를 설정할 수 있다.
- 계정보안 – 내가 로그인시에 모바일 알림을 설정과 로그인 기능을 확인할 수 있다.
- 계정 비활성화 – 계정을 비활성화할 수 있다.

facebook과 twitter 연동하기

facebook과 twitter가 가입이 완료되면 facebook 담벼락에 twitter에 올린 트윗을 게시할 수 있도록 연동할 수 있다.

facebook 검색 창에 twitter라고 입력하면 위의 그림과 같이 twitter 어플리케이션이 나타나면 클릭한다.

위와 같은 화면이 나타나면 "어플리케이션으로 가기" 버튼을 클릭한다.

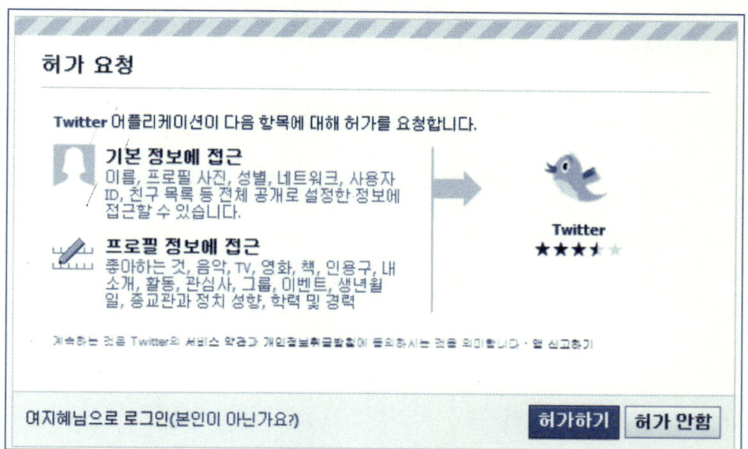

"허가하기" 버튼을 클릭한다.

"Allow" 버튼을 클릭한다.

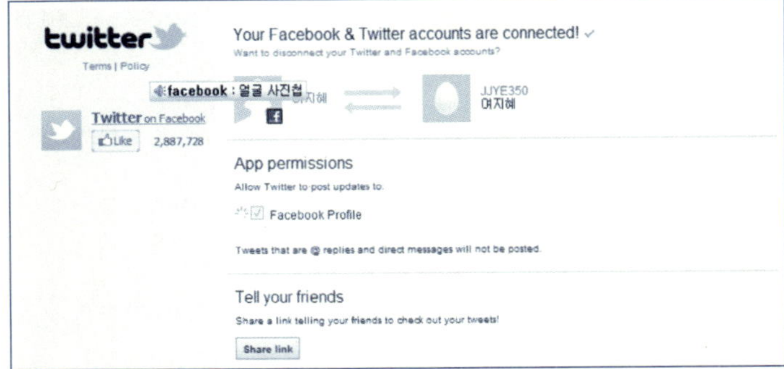

facebook Profile란에 V체크 표시를 한다.

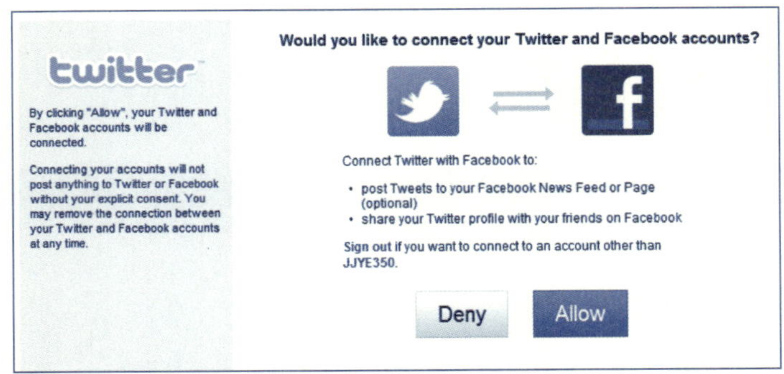

허가하기 버튼을 클릭한다.

facebook 활용하기

여지혜 숭실대학교 대학원 미디어학과 박사과정

twitter와 facebook의 차이

VS

1. twitter는 뉴스다!!

   twitter 부사장이 얼마 전 한말이다. twitter는 120자 단문 메시지로 서비스를하고, 불특정 다수를 대상으로 메시지가 확산되기 때문에 메시지의 확산이 빨라 때로는 TV, 인터넷 뉴스보다 소식을 빠르게 전달한다.

2. facebook은 기존의 마이스페이스나 싸이월드 같이 친구 관계를 기본으로 메시지를 주고 받기 때문에 개인 블로그 성격을 가진다.

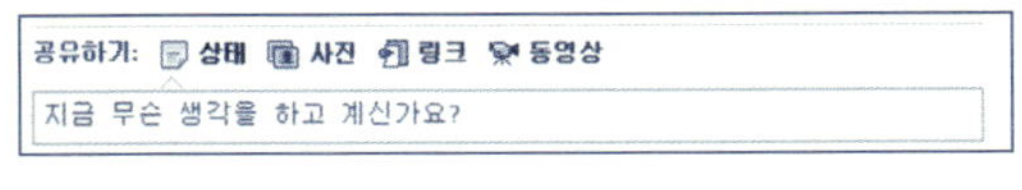

VS

지금 뭐하고 계세요? URL축소 | 이미지 | 투표 | YES24검색 더보기 140
등록

긴급한 주변 소식을 전하는 뉴스 미디어

친구 사이를 기반으로 하는 친목 교류와 쌍방향 커뮤니케이션의 무게

facebook의 친구

facebook 사용법 가이드 페이지 활용하기

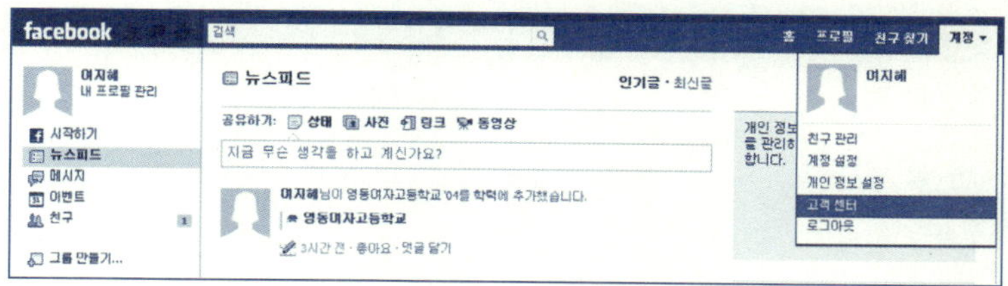

facebook의 계정 메뉴에서 고객센터를 클릭한다.

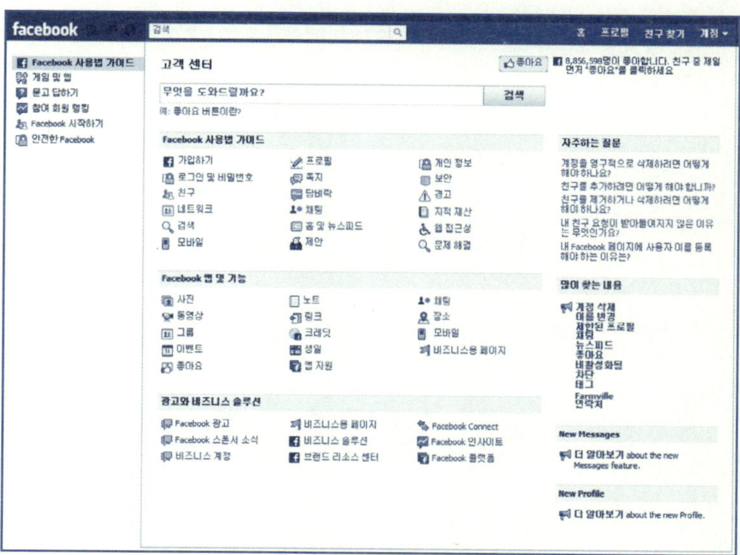

facebook을 사용하다가 궁금한 점이나 사용법을 문의할 때 사용하면 유용한 페이지이다.

facebook 메뉴 살펴보기

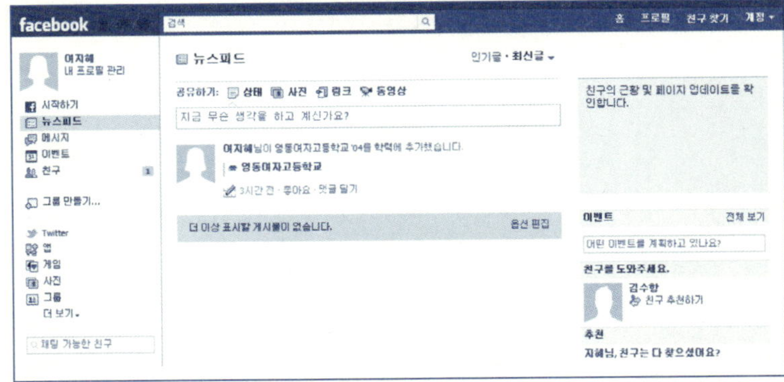

facebook 메인 페이지에 왼쪽에는 메인 메뉴가 있다.

- facebook 사용법 가이드 페이지 활용하기
- 시작하기
- 뉴스피드
- 쪽지
  - 이미지, 동영상, 사이트 링크 가능
  - 비교적 담벼락보다 긴 글 가능 20행 이하
  - 이벤트
- 그룹
  - 약 4500만개의 그룹 운영
  - 온라인 카페와의 차이점 : 소수의 운영진에 의해 다소 일방적으로 만들어져 관리되는 성격이 강한데 비해, 그룹은 모임 개설자가 "이런 목적의 모임을 하나 만들면 어떨까요? 라고 제안하면 그 취지에 공감하는 사람들이 자발적으로 모여서 함께 만들어가고 키워가는 공동의 조직이라는 점에 좀 더 무게중심이 있다.
  - 그룹 보기 및 친구 따라 가입하기

    방법 1. 친구가 이미 가입되어 있는 그룹 점검해보기

방법 2. 특정한 주제나 키워드를 통해 검색해보기

방법 3. 친구가 보내온 모임 가입 초대장에 응답하기

- 그룹 만들기
- 그룹 운영 관리 및 폐쇄하기
- 토론

• 노트
  - 개인 일기, 의견 교환 사진이나 이미지 첨부
  - RSS 기능을 이용해서 다른 웹사이트나 자신의 블로그 주소를 연동시켜 자동으로 글을 받아오는 것이 가능

이벤트 만들기

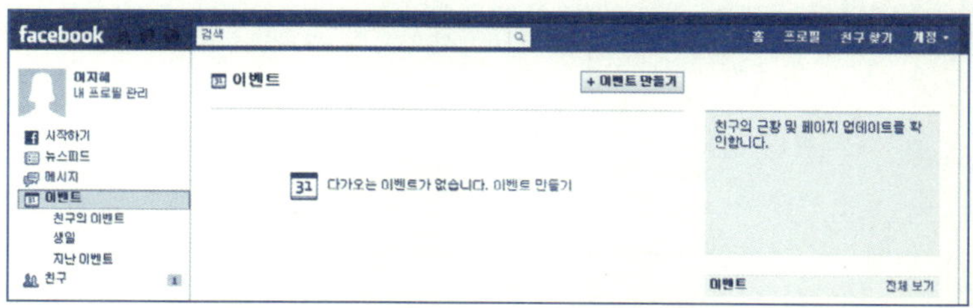

메인 메뉴에서 이벤트메뉴를 클릭 후 그림과 같이 이벤트 만들기 버튼을 클릭한다.

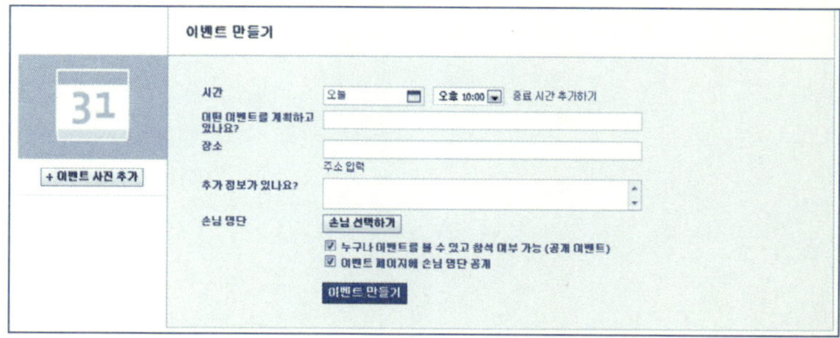

이벤트와 관련된 시간, 이벤트 내용, 장소, 추가 정보, 친구 명단에서 손님을 선택한 후 만들기 버튼을 클릭한다.

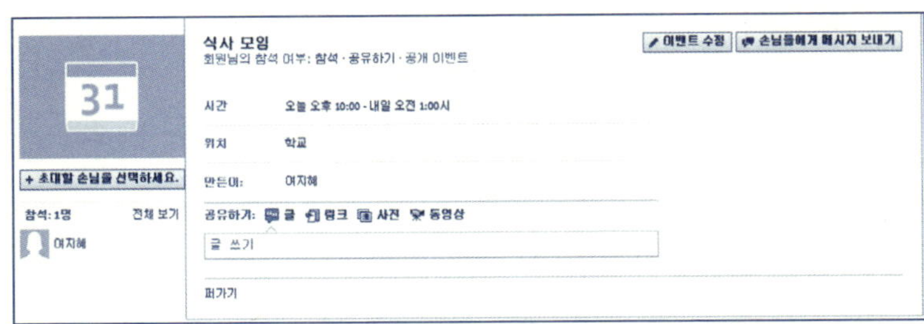

위의 그림은 생성된 이벤트 결과이다.

참석 여부를 묻는 이벤트를 친구에게 보내면 위와 같은 그림이 친구에게 보인다.

친구는 참석 여부를 클릭해서 보내면 이벤트를 생성한 친구가 확인할 수 있다.

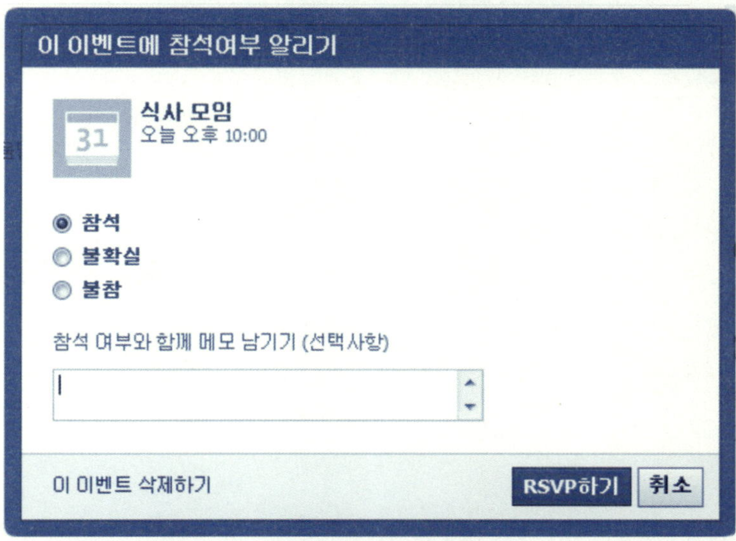
이 이벤트에 참석여부 알리기
31
식사 모임
오늘 오후 10:00
참석
불확실
불참
참석 여부와 함께 메모 남기기 (선택사항)
이 이벤트 삭제하기
RSVP하기
취소

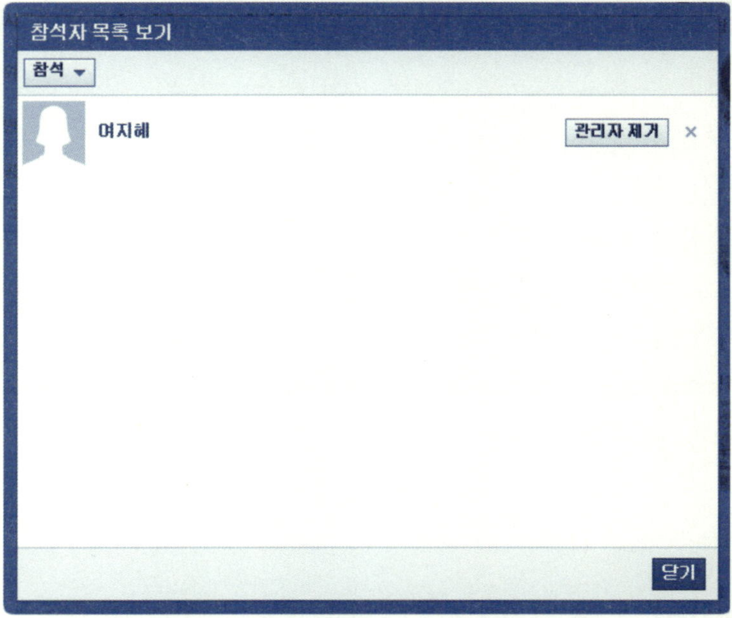
참석자 목록 보기
참석
여지혜
관리자 제거
닫기

그룹 만들기

친구의 그룹 만들기 버튼을 클릭한다.

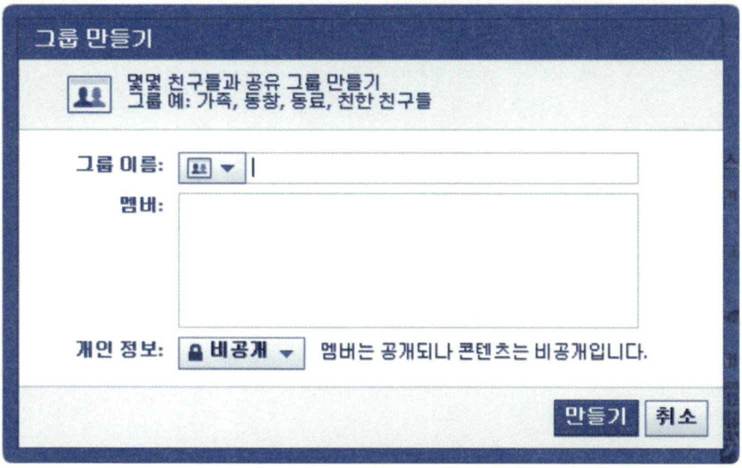

그룹 만들기

몇몇 친구들과 공유 그룹 만들기
그룹 예: 가족, 동창, 동료, 친한 친구들

그룹 이름:

멤버:

개인 정보: 비공개 멤버는 공개되나 콘텐츠는 비공개입니다.

만들기 취소

그룹 정보를 입력한다.

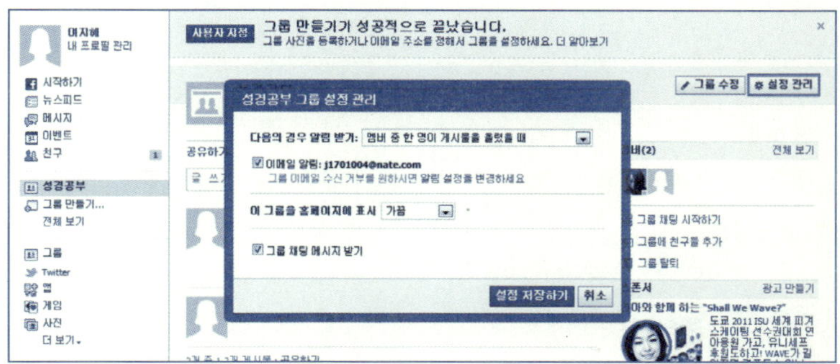

설정관리에서 그룹 설정을 한다.

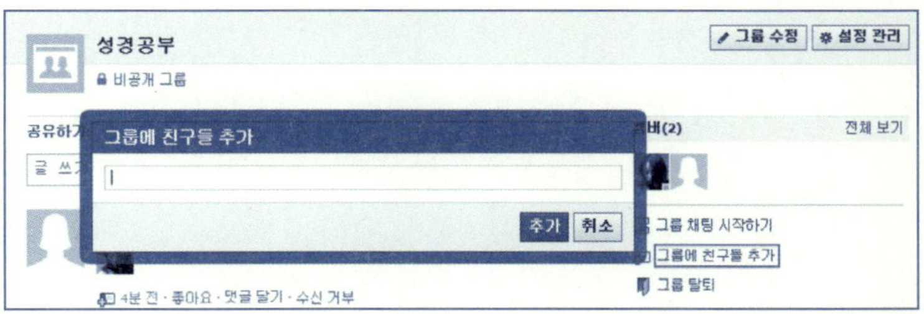

그룹 생성 후에 초대할 친구들을 선택해서 초대한다.

왼쪽메뉴에서 그룹 메뉴를 선택하면 내가 가입되어 있는 그룹의 목록이 나온다.

스폰서 광고 만들기

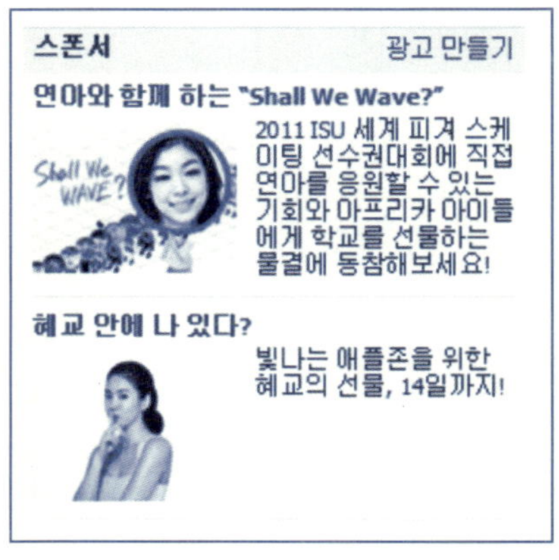

facebook은 개인이 광고를 손쉽게 할 수 있다. 광고의 타깃층을 설정한 뒤 이미지 및 텍스트를 이용해 자신만의 광고 이미지를 만들고, 각종 설정을 통해 광고를 할 수 있다. 또, 실시간 보고를 통해 현재 진행 상태 및 클릭 횟수 등을 알아 볼 수 있다.

스폰서 광고 메뉴에서 광고만들기 버튼을 클릭한다.

Facebook에서 광고하기

1. 광고 디자인하기

광고 디자인 FAQ

최종 연결: 외부 URL [?]

URL: 광고 제안 [?]

제목: [?]

25 자 남았습니다.

내용: [?]

135 자 남았습니다.

이미지: 찾아보기... [?]

미리 보기: 샘플 광고 제목

광고 본문 내용은 여기에 입력됩니다.

계속하기

광고 하려는 정보를 입력하고 이미지를 삽입한 후 계속하기 버튼을 클릭한다.

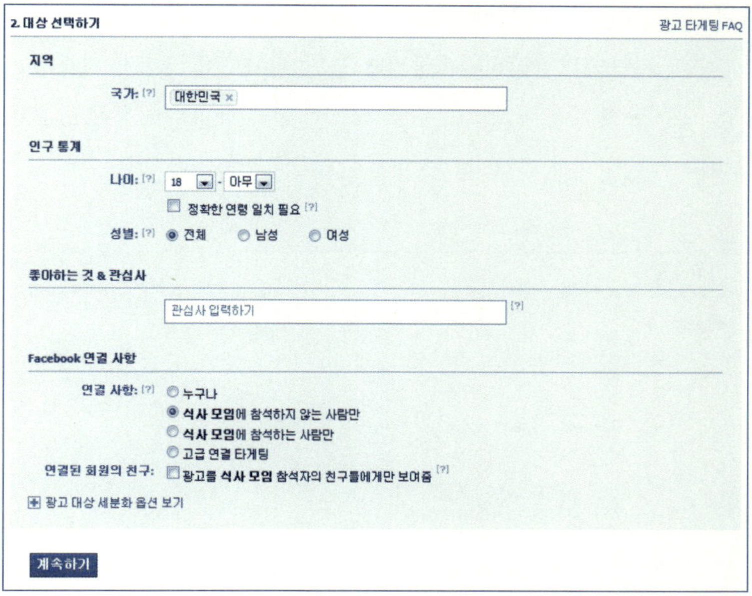

2. 대상 선택하기 광고 타게팅 FAQ

지역

국가: [?] 대한민국 ×

인구 통계

나이: [?] 18 - 아무

정확한 연령 일치 필요 [?]

성별: [?] 전체 남성 여성

좋아하는 것 & 관심사

관심사 입력하기 [?]

Facebook 연결 사항

연결 사항: [?] 누구나

식사 모임에 참석하지 않는 사람만

식사 모임에 참석하는 사람만

고급 연결 타게팅

연결된 회원의 친구: 광고를 **식사 모임** 참석자의 친구들에게만 보여줌 [?]

광고 대상 세분화 옵션 보기

계속하기

광고할 대상에 정보를 입력한다. 여기에 입력하는 정보를 가지고 타겟 광고를 한다.

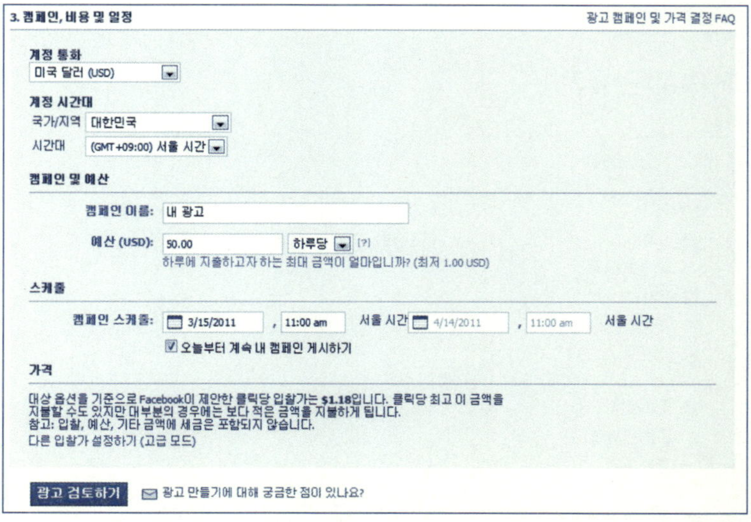

3. 캠페인, 비용 및 일정 광고 캠페인 및 가격 결정 FAQ

계정 통화

미국 달러 (USD)

계정 시간대

국가/지역 대한민국

시간대 (GMT+09:00) 서울 시간

캠페인 및 예산

캠페인 이름: 내 광고

예산 (USD): 50.00 하루당 [?]

하루에 지출하고자 하는 최대 금액이 얼마입니까? (최저 1.00 USD)

스케줄

캠페인 스케줄: 3/15/2011 , 11:00 am 서울 시간 4/14/2011 , 11:00 am 서울 시간

오늘부터 계속 내 캠페인 게시하기

가격

대상 옵션을 기준으로 Facebook이 제안한 클릭당 입찰가는 **$1.18**입니다. 클릭당 최고 이 금액을 지불할 수도 있지만 대부분의 경우에는 보다 적은 금액을 지불하게 됩니다.
참고: 입찰, 예산, 기타 금액에 세금은 포함되지 않습니다.
다른 입찰가 설정하기 (고급 모드)

광고 검토하기 광고 만들기에 대해 궁금한 점이 있나요?

광고 지불 유형을 선택할 수 있다. 사용자가 클릭하고 들어왔을 때만 광고비가 지불되는 클릭당 지불과 노출만 되어도 광고비가 지불되는 노출당 지불 유형이 있다. 광고 유형에 따라 선택하여 효율적인 광고를 할 수 있다.

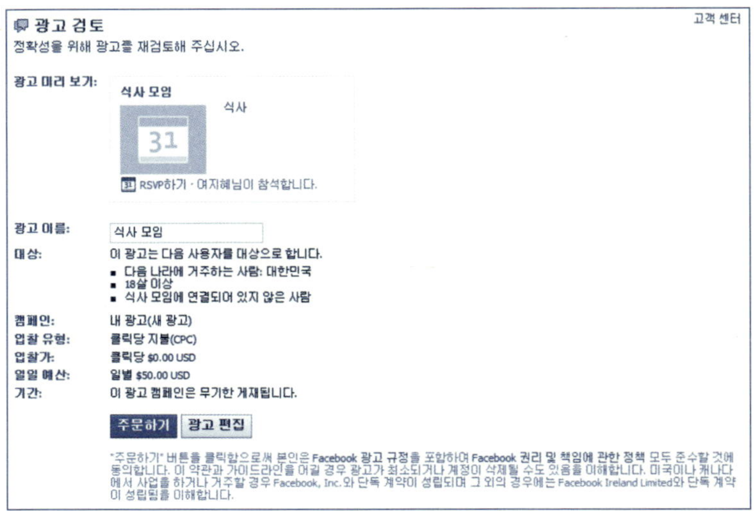

페이지 만들기

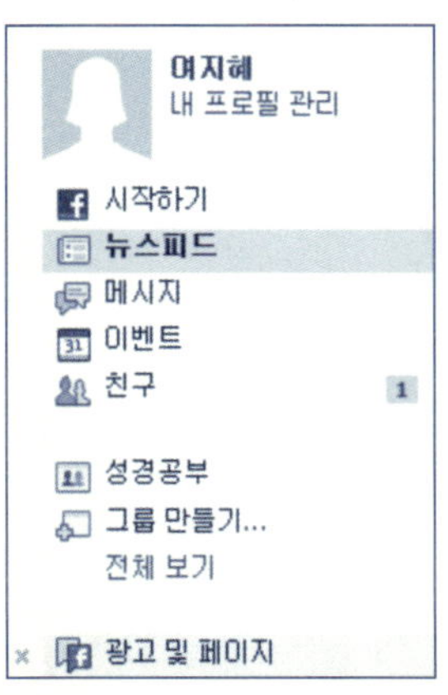

facebook 메인화면에서 광고 및 페이지 메뉴를 클릭한다.

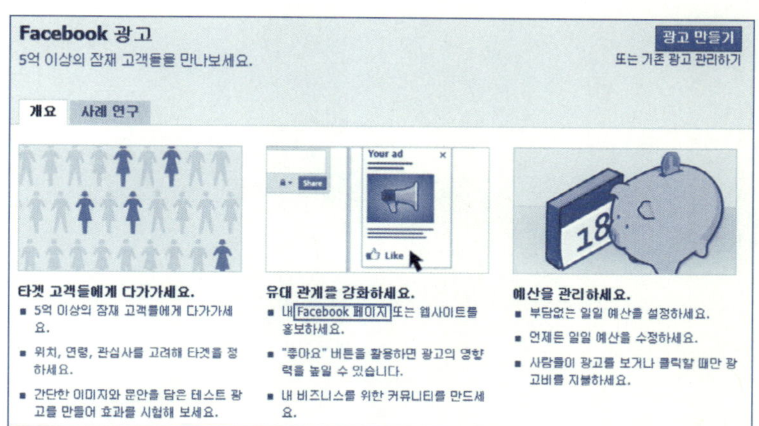

위와 같이 facebook 페이지를 클릭한다.

페이지는 조직, 사업체, 유명인과 밴드는 페이지를 통해 대중과 교류할 수 있다. 페이지는 프로필과 비슷하고 대중과 의사소통하고 교류할 수 있게 도와준다.

페이지는 그룹과는 달리 어플리케이션을 추가 할 수 있다.

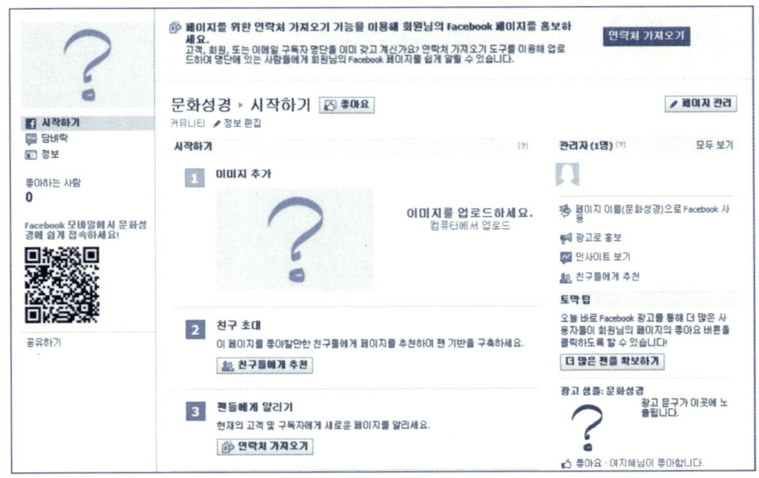

페이지는 트위터 계정과 연결할 수 있는 기능을 제공한다. http://www.facebook.com/twitter로 접속해서 페이지와 트위터 계정을 연결한다.

프로필, 페이지와 그룹의 비교

	프로필	페이지	그룹
대상	개인	기관, 회사, 공인, 유명인	개인
운영주체	개인	단체의 대표자	개인
비슷한 컨셉	개인 프로필 소개	홈페이지	동호회, 커뮤니티
친구, 팬 제한	최고 5000명	제한 없음	최고 5000명
관계생성방법	친구 신청 후 허가	'좋아요' 버튼 클릭	'가입' 버튼 클릭
보안, 공개옵션	세밀하게 설정 가능	전체공개가 기본	공개, 비공개, 허가제 등
단체쪽지	개별 발송 가능	개인에게 보낼 수 없음	단체쪽지 전송 가능
특징	공개설정 옵션이 단계별로 적용됨 (비공개, 친구에게 공개, 친구의 친구에게 공개, 전체 공개)	페이스북 회원이 아니어도 콘텐츠를 볼 수 있음. 검색에도 반영, 어플리케이션으로 맞춤 탭을 꾸미는 것이 가능	개인이 특정 주제에 관련해서 만들 수 있는 커뮤니티

집단지성 [集團知性, collective intelligence]

여지혜 숭실대학교 대학원 미디어학과 박사과정

우리는 나보다 더 똑똑하다!!!

1+1 = 2?

1+1 = 3?

.

.

.

.

1+1 = ∞

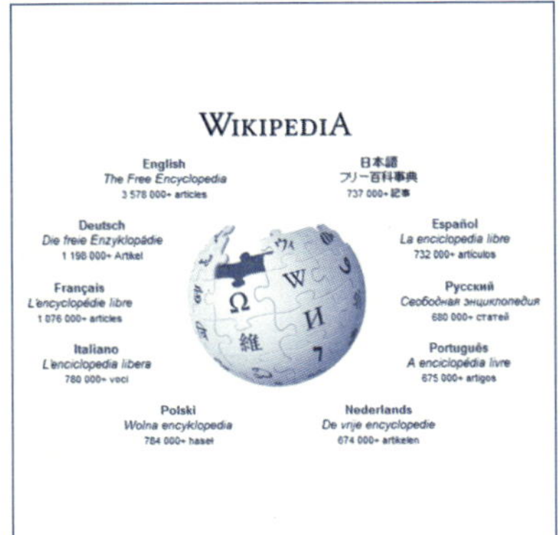

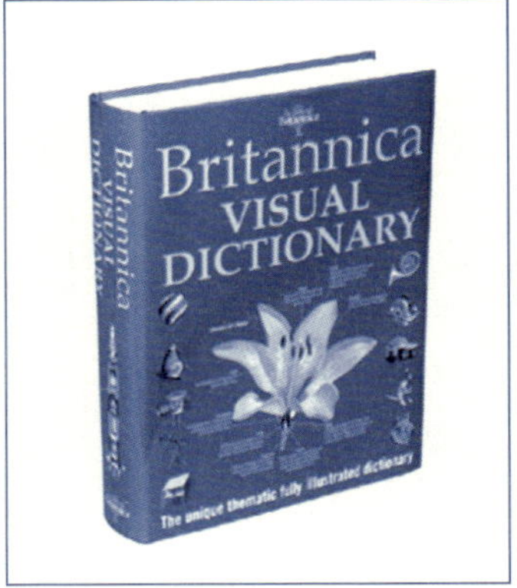

위피디아 Vs. 브리태니커

• 위키피디아 – 비영리 단체인 위키미디어재단이 운영하며 설립자는 지미 웨일스(Jimmy Wales) – 2001년 1월 15일 시작	• 브리태니커 – 영국의 스코틀랜드 브리태니커 회사 설립 – 1768년 출간

네이처 비교 분석 결과

– 과학 관련 항목 42개 비교

– 중대한 오류는 4건씩 동일.

– 기타 오류는 브리태니커 3건, 위키피디아 4건

SNS와 집단지성

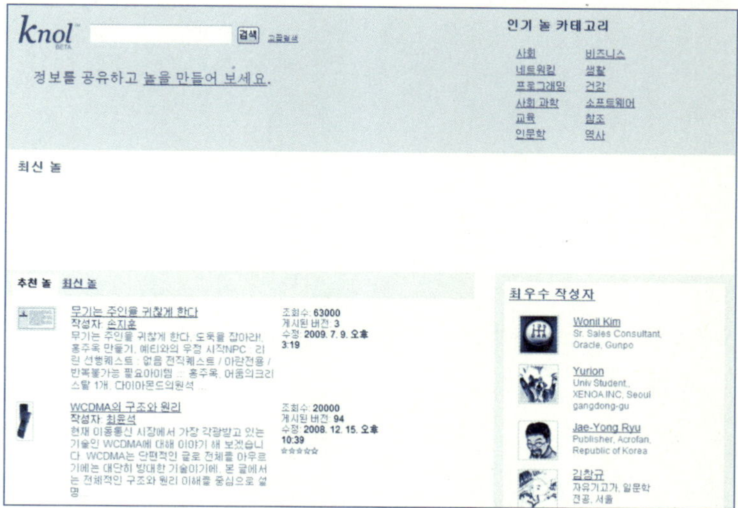

구글 놀 Vs. 위키피디아

- 기고자의 주관적인 글
- 한가지 주제에 여러 개의 문서
  - 다른 기고자들과 경쟁
- 공동 편집, 선택한 일부만 편집, 편집 불가 등의 옵션을 설정
- 구글 애드센스 게재 가능

- 객관적인 글
- 한가지 주제에 하나의 문서

Cloud Computing

여지혜 숭실대학교 대학원 미디어학과 박사과정

클라우드 컴퓨팅 기술이란?

구름과 같은 인터넷 환경 속에서 서버에 모든 데이터를 저장하고 장치의 종류와 상관없이 인터넷 서버에 접속하여 데이터를 저장, 처리 및 컨텐츠를 사용할 수 있는 컴퓨팅 기술이다.

Cloud Computing의 장점

- Client PC의 사양이 웹을 실행할 정도면 충분하고 저장 공간(HDD) 역시 필요하지 않기에 **초기 구입 비용**이 적고 **휴대성**이 높다.
- 소프트웨어나 기타 컴퓨터 자원을 필요 시 돈을 주고 구입하는 서비스 형태로 제공되기 때문에 **초기 비용지출**이 적다.

- 가상화 기술과 분산 컴퓨팅 기술로 서버의 자원을 묶거나 분할하여 필요한 사용자에게 서비스 형태로 제공되기 때문에 컴퓨터 가용율이 높다. 이러한 높은 가용율은 그린 IT 전략과도 일치한다.
- 개인 PC나 스마트폰과 같은 다양한 기기를 단말기로 사용하는 것이 가능하며 서비스를 통한 일치된 사용자 환경을 구현할 수 있다.
- 사용자의 데이터를 신뢰성 높은 서버에 보관함으로써 안전하게 보관할 수 있다.

(출처 : 위키피디아)

Cloud Computing의 단점

- 서버가 공격 당하면 개인정보가 유출될 수 있다.
- 재해에 서버의 데이터가 손상되면, 미리 백업하지 않은 정보는 되살리지 못하는 경우도 있다.
- 사용자가 원하는 애플리케이션을 설치하는 데에 제약이 심하거나 새로운 애플리케이션을 지원하지 않는다.

(출처 : 위키피디아)

Cloud Computing을 적용한 인터넷 서비스

인터넷 포토샵

구글 오피스

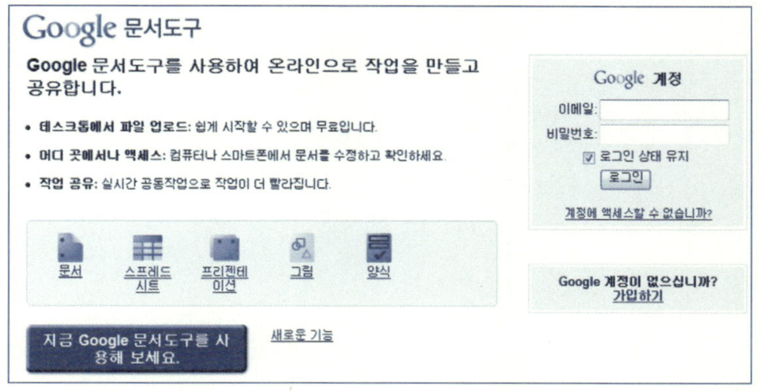

Windows Movie Maker를 이용한 동영상 만들기

이지원 ㈜삼경SJ 제작실장

Windows Movie Maker 실행하기

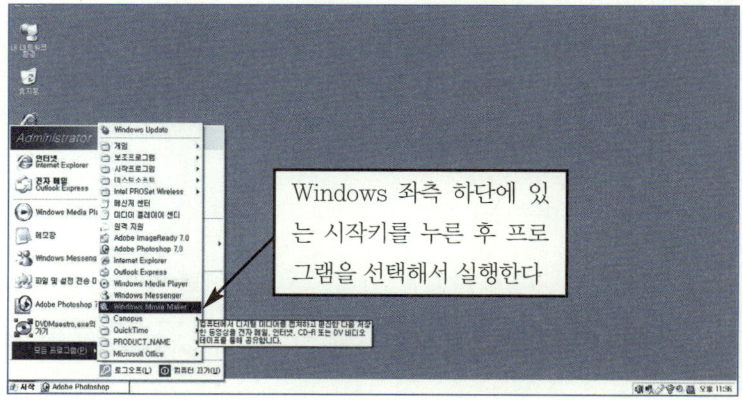

편집 소스 불러오기

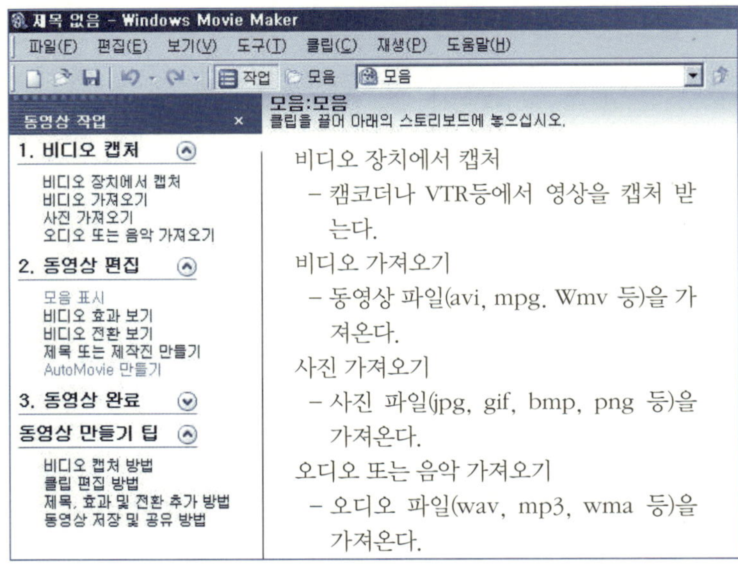

스토리 보드와 시간 막대 표시

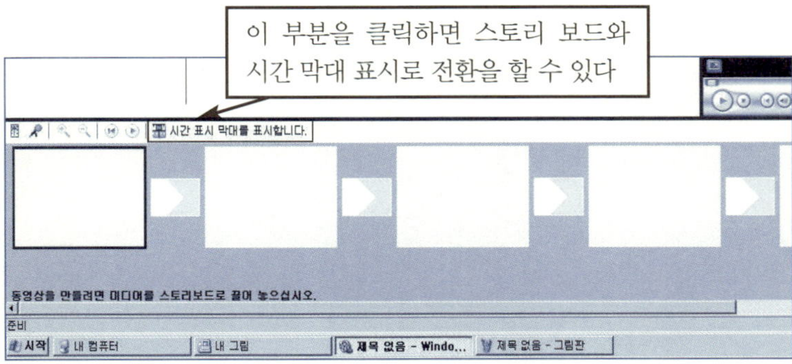

• 스토리 보드

– 동영상이나 사진의 첫 부분을 클립으로 표시해주기 때문에 여러 개의 동영상이나 사진을 이어서 편집하기에는 좋다. 그러나 클립

분할과 자르기, 붙이기, 자막 작업등을 하기에는 시간 막대 표시에 비해 불편하다

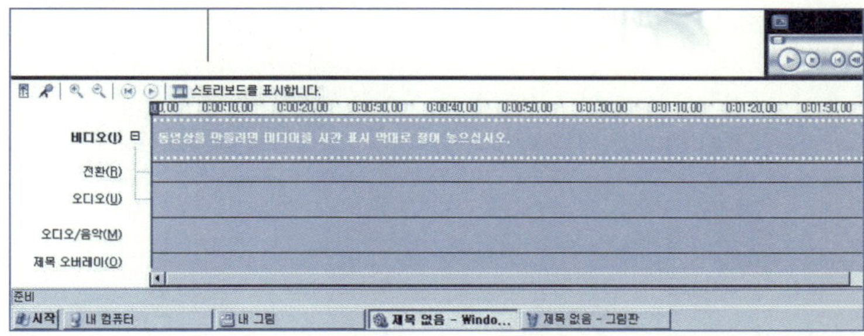

• 시간 표시 막대

– 동영상 편집툴에서 가장 많이 쓰이는 인터페이스이다. 대게는 타임라인(Time Line)이라 지칭한다. 시간과 각 소스들의 상황, 그리고 전환이나 자막 효과들을 한 눈에 파악할 수 있기 때문에 본격적인 편집을 하기에 유리하다

불러온 영상을 시간 표시 막대에 넣기

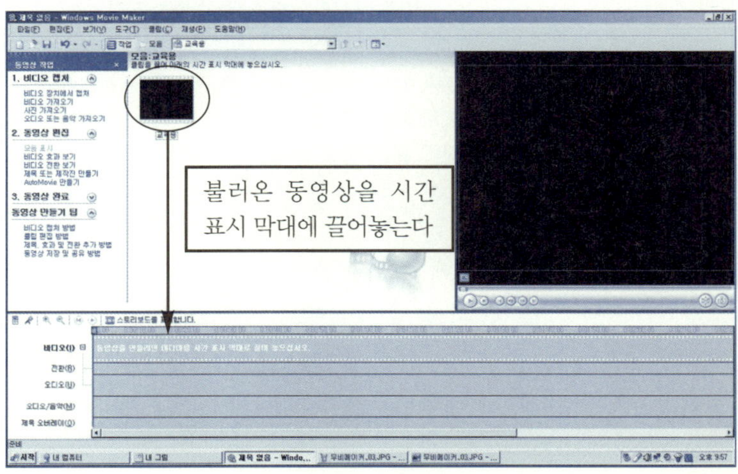

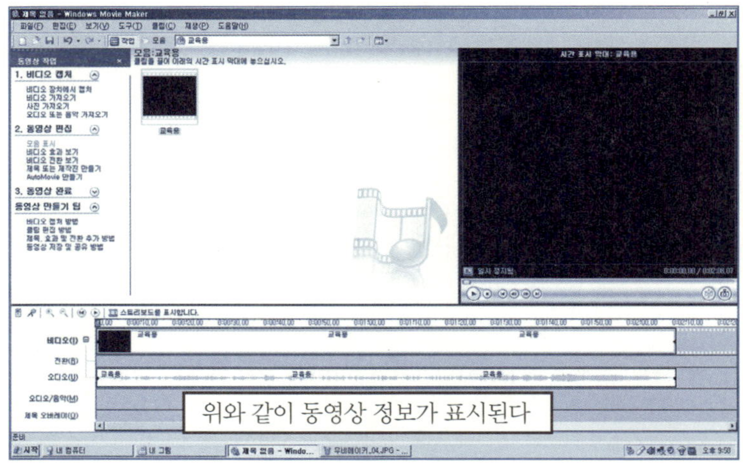

시간 표시 막대 활용하기

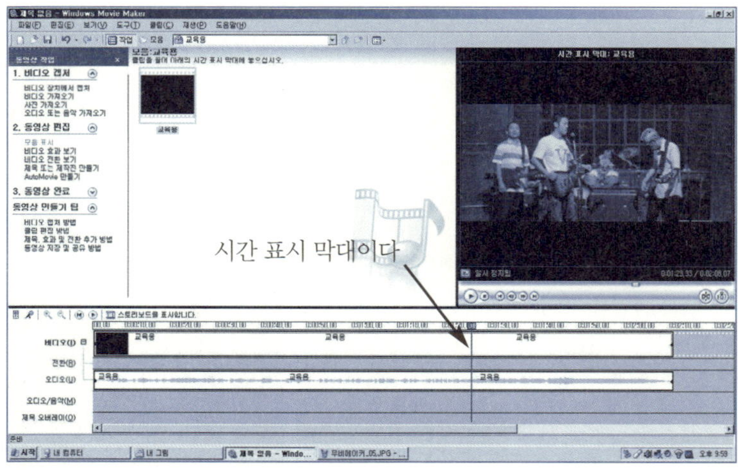

시간 표시 막대를 마우스를 이용해 좌우로 이동시키면 위 화면과 같이 그 시간에 해당되는 프리뷰 화면이 나온다. 시간 막대 표시의 또 다른 의미는 위치한 시간대가 클립이 효과나 다른 편집하는 시점이 된다는 것이다.

불필요한 장면 삭제하기

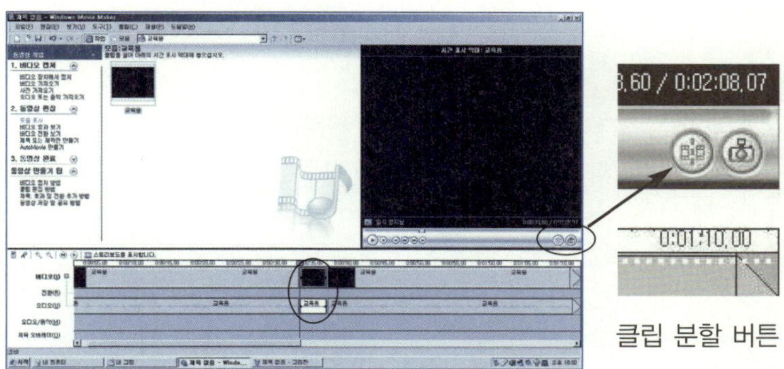

클립 분할 버튼

시간 표시 막대를 삭제할 장면 시작 지점에 위치한 후 클립 분할 버튼을 클릭한다. 그 다음 삭제할 장면의 끝 지점에 시간 표시 막대를 이동시켜 클릭 분할 버튼을 누르면 위 그림과 같이 클립이 분할된다.

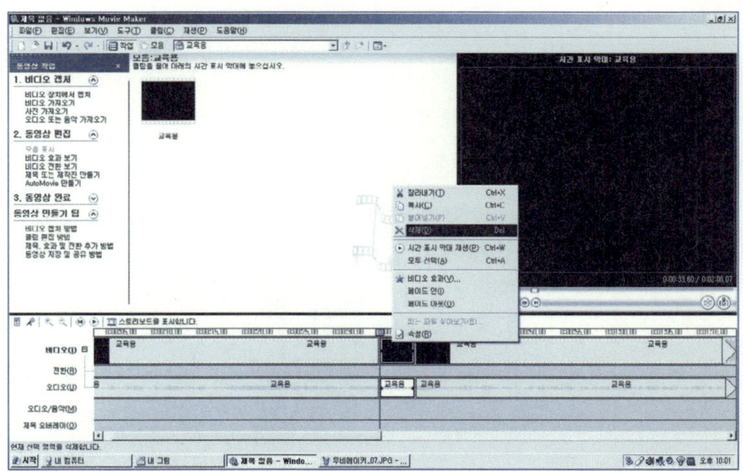

삭제할 클립을 선택한 후 Del 키를 누르거나 마우스 오른쪽 버튼을 클릭한 후 삭제를 선택하면 된다. 주의할 것은 위 그림과 같이 선택되어진 클립은 그렇지 않은 클립과 다르게 밝은 색으로 바뀐다. 이걸 확인하지

않아 다른 클립을 삭제하지 않도록 한다

비디오 전환 효과 적용하기

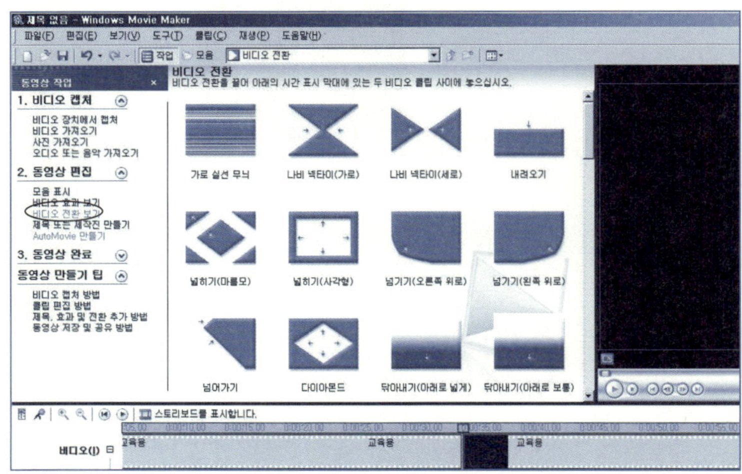

비디오 전환 효과, 보통 트랜지션(Transition)효과 라고 한다. 위 그림에서 왼쪽 표시된 부분을 클릭하면 비디오 전환이 나온다. 표시된 아이콘들을 클릭하면 프리뷰 창에 예제가 표시 된다.

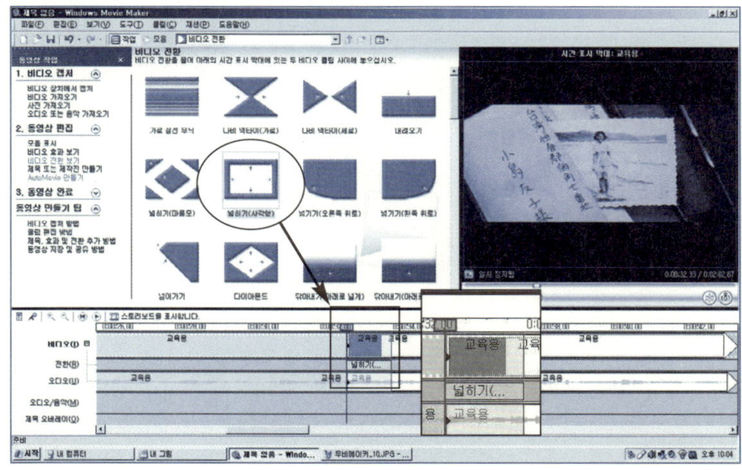

마음에 드는 효과가 결정이 되었으면 그 효과를 적용하려는 클립으로 끌어 놓는다. 그러면 위에 확대한 그림처럼 비디오와 오디오 사이의 전환에 효과가 적용된 것이 표시되고 프리뷰를 통해서 확인한다

자막 삽입하기

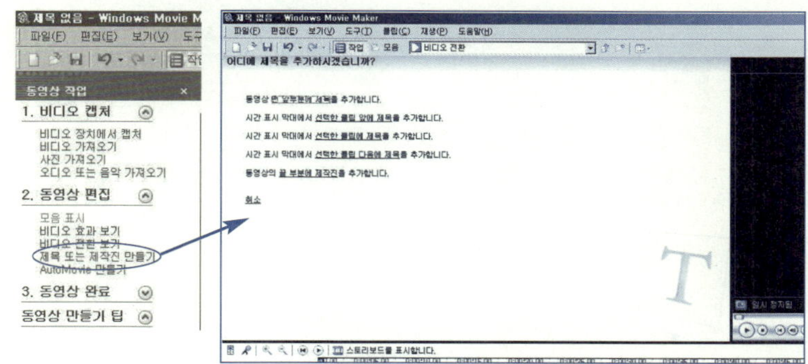

왼쪽 그림의 '제목 또는 제작진 만들기' 를 클릭하면 우측화면 처럼 표시된다.

동영상 맨 앞부분에 제목을 추가합니다. — 타이틀을 만든다. 여러 개의 클립이 모였을 경우 총제목을 만든다.

시간 표시 막대에서 선택한 클립 앞에 제목을 추가합니다. — 선택한 클립 시작 전에 자막이 나오도록 한다.

시간 표시 막대에서 선택한 클립에 제목을 추가합니다. — 선택한 클립 중간에 자막이 나오도록 한다.

시간 표시 막대에서 선택한 클립 다음에 제목을 추가합니다. — 선택한 클립이 끝난 후 자막이 나오도록 한다.

동영상의 끝 부분에 제작진을 추가합니다. — 모든 클립의 재생이 끝난 후 자막이 나오도록 한다.

취소

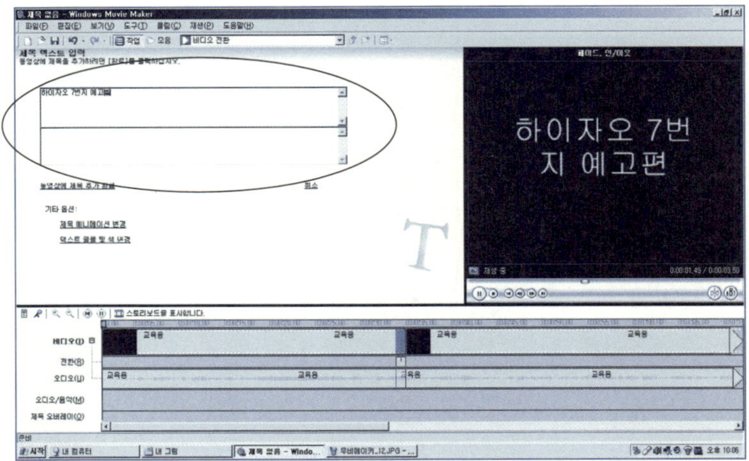

'동영상 맨 앞 부분에 제목 추가'를 선택하면 위와 같이 글자 입력창이 나온다. 입력창에 원하는 문구를 입력을 하면 프리뷰 화면에 입력 내용이 나타난다. 글자의 폰트나 크기등을 변경하고 싶으면 입력창 아래에 '텍스트 글꼴 및 색 변경'을 클릭한다.

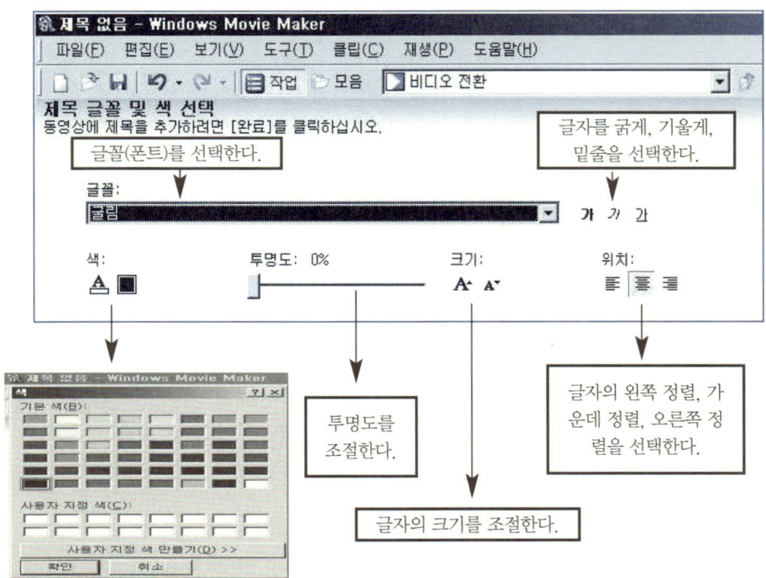

글자의 왼쪽 정렬, 가운데 정렬, 오른쪽 정렬을 선택한다.

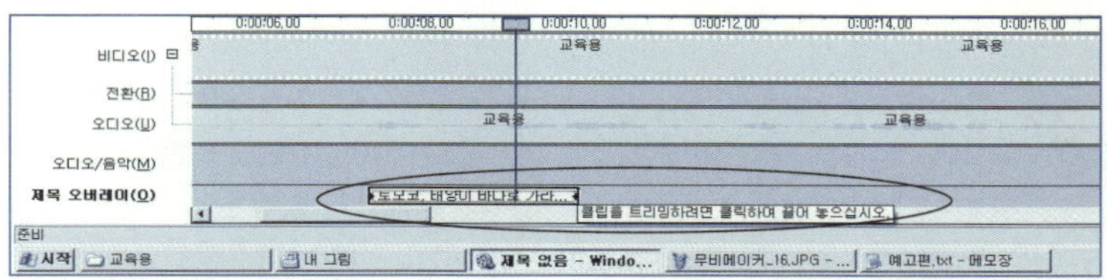

'선택한 클립에 제목 추가하기' 를 선택해서 작업을 하면 위 그림과 같이 제목 오버레이에 항목이 추가가 된다. 그 항목의 앞부분이나 끝부분으로 마우스를 옮기면 시간 길이를 조절할 수 있게 된다. 프리뷰 화면으로 확인해가며 원하는 시간대에 자막이 표시될 수 있게 한다.

오디오 추가하기

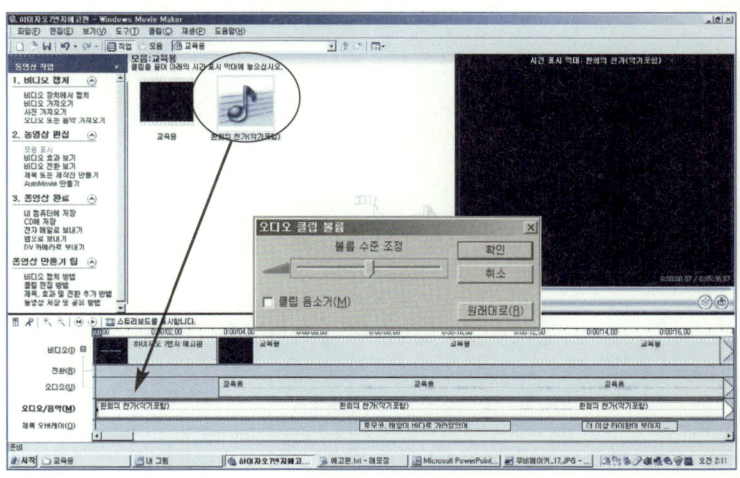

추가하고자 하는 오디오를 가져온 다음 그 오디오를 아래 시간 표시 막대의 오디오/음악으로 끌어 놓는다. 프리뷰를 실행하면 추가된 오디오가 나오며 볼륨조절을 하려면 오디오 항목에서 마우스 오른쪽을 클릭한 후 볼륨을 선택하면 위 그림 중간부분에 있는 오디오 클립 볼륨 조절 창

이 나온다.

동영상 출력하기

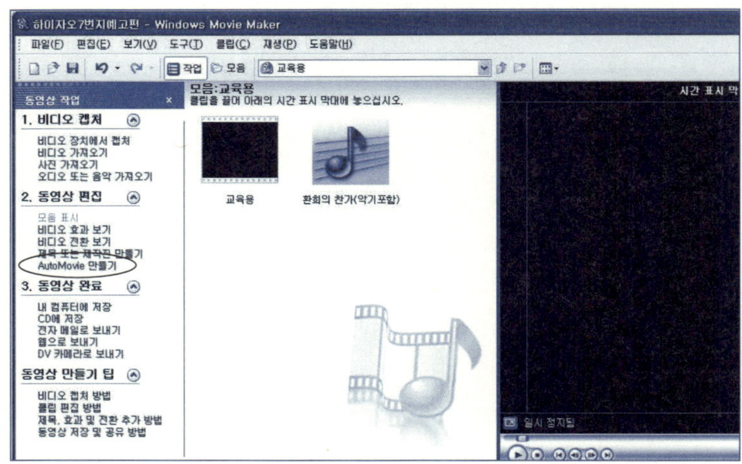

편집 작업이 완료되었으면 완성본을 출력한다. 위 그림의 왼쪽 '동영상 완료' 항목들이 출력할 수 있는 형식이다. 그 중 '내 컴퓨터에 저장'을 선택한다.

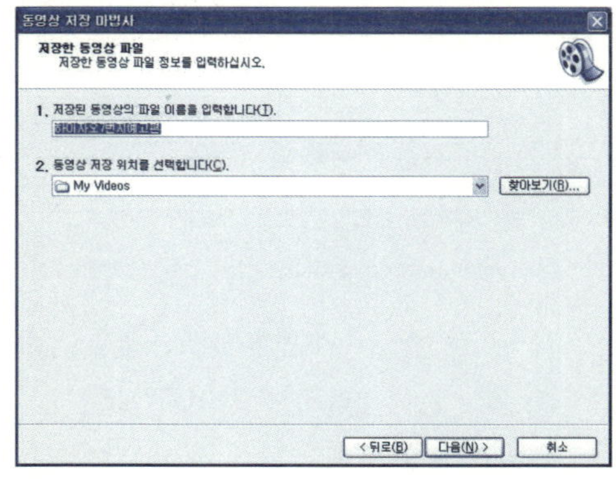

'내 컴퓨터에 저장'을 선택하면 왼쪽과 같은 창이 뜬다. 1번 항목에 파

일의 이름을 입력하고 2번 항목을 통해 저장될 드라이브 및 폴더를 선택한다. 선택이 끝났으면 창 하단부의 '다음' 을 클릭한다.

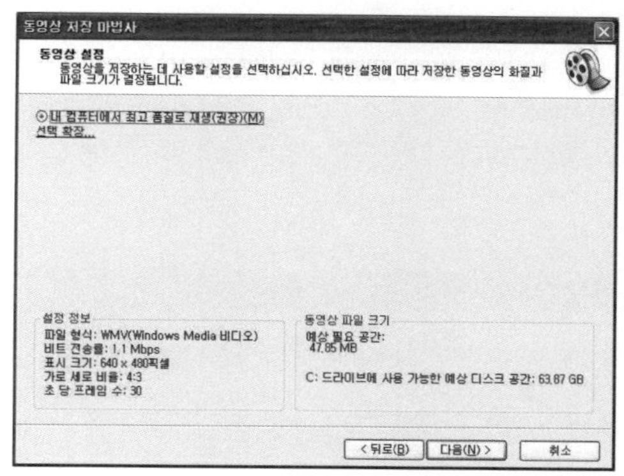

'내 컴퓨터에서 최고 품질로 재생' 을 선택하면 최적화된 상태로 출력이 된다. 바로 아래에 있는 '선택 확장' 을 선택하면 여러가지의 출력 옵션이 나온다. 창 하단부에는 출력될 동영상의 정보가 나온다.

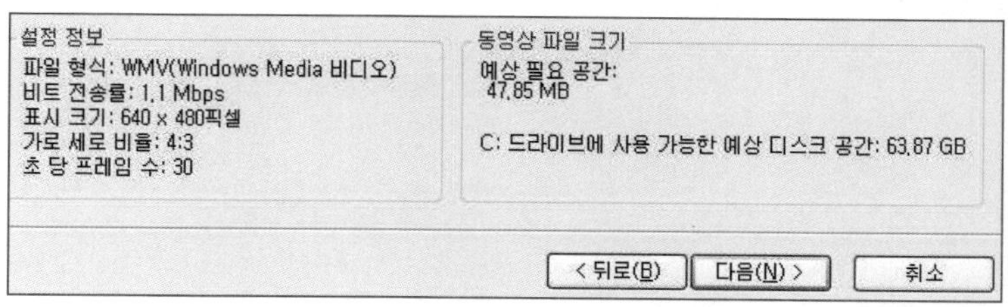

설정 정보를 자세히 보면은

* 파일 형식 : 출력될 동영상의 확장자 및 코덱 등을 결정하는 정보이다.
* 비트 전송률 : 1초에 사용되는 용량을 뜻한다. 크면 클수록 좋은 화질을 얻을 수 있다.
* 표시 크기 : 픽셀로 이루어진 화면 크기이다. 역시 크면 클수록 좋은 화질을 얻을 수 있지만 편집 원본 이상의 크기를 선

택하면 더 나빠질 수도 있다.

* 가로 세로 비율 : 4:3 또는 16:9의 화면비가 주로 사용되어 진다.

* 초 당 프레임 수 : 1초에 재생되는 화면의 수를 말한다. 현재 우리 나라의 방식은 NTSC방식으로 1초에 30장의 화면이 나타난다. 더 적게 설정할 수도 있으나 적어지면서 화면이 부자연스러워질 수 있다.

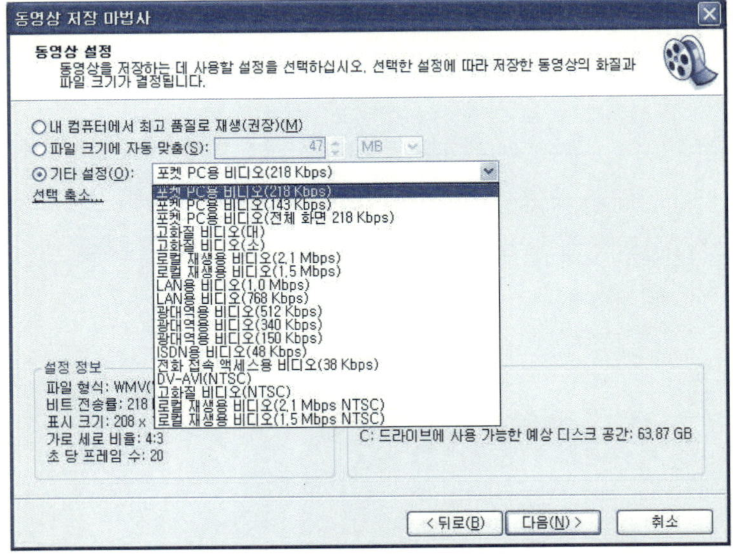

'선택 확장' 을 선택한 후 '기타 설정' 을 선택하면 여러가지의 출력 형식이 나온다. 각각의 경우를 선택해 보면 화면 하단에 설정 정보가 나타난다. 동영상을 사용할 목적에 따라 설정 정보를 비교해 가면서 선택을 한다. 선택이 끝났으면 '다음' 을 클릭한다.

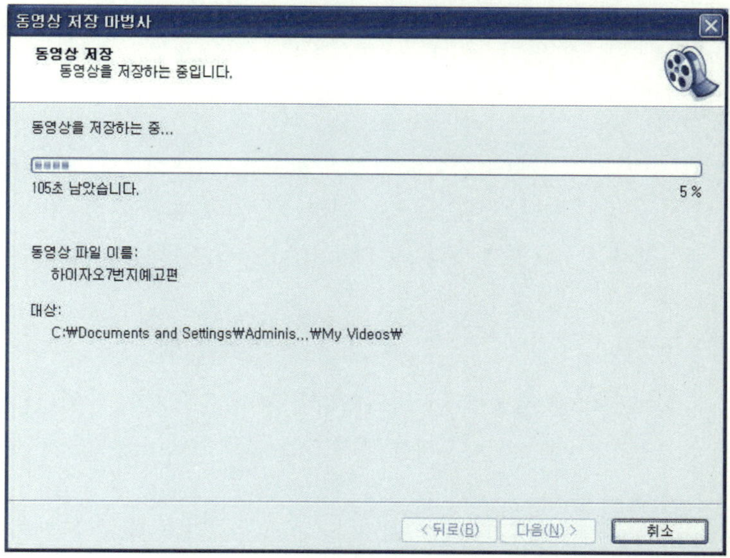

이제 편집이 완료된 동영상이 출력된다. 출력된 동영상을 영상 재생 툴을 통해 확인한다.

각종 용어 해설

- 코덱(Codec)이란?

코더(coder)와 디코더(decoder)의 합성어로, 음성이나 비디오 데이터를 컴퓨터가 처리할 수 있게 디지털로 바꿔 주고, 그 데이터를 컴퓨터 사용자가 알 수 있게 모니터에 본래대로 재생시켜 주기도 하는 소프트웨어이다. 동영상처럼 용량이 큰 파일을 작게 묶어주고 이를 다시 본래대로 재생할 수 있게 해준다. 파일을 작게 해주는 것을 인코딩, 본래대로 재생하는 것을 디코딩이라고 한다.

- 확장자와 코덱의 종류

1. AVI

본래 Microsoft의 동영상 파일 형식이다. 원래의 의미는 무압축된 동영상 파일을 의미했으나 현재는 다양한 압축된 영상들도 이 확장자를 사용하고 있다. - Divx, Xvid, H264등

2. WMV

Microsoft의 Windows 미디어 포맷이다. 압축률이 좋아 인터넷 스트리밍 용으로 사용하고 윈도우의 기본 코덱이기 때문에 호환성이 좋다.

3. MOV

APPLE 의 파일 형식이다. 때문에 APPLE사의 맥킨토시에서는 기본적으로 재생이 가능하나 윈도우스 환경에서는 기본적인 재생이 불가하다.

4. MP4

휴대용 기기에서 많이 사용하는 형식이다.

5. MPG

VCD나 DVD에 사용되는 형식이다. VCD에 사용되는 형식을 MPEG-1, DVD에 사용되는 형식은 MPEG-2다. MPEG-2 형식은 디지털 TV를 비롯한 HD 소스로 이용되기도 한다. 이 후에 인터넷이나 이동통신 등의 저속도 회선상에서 동화상 전송을 가능케 하는 것이 목적으로 MPEG-4가 나왔다.

- 픽셀(Pixel)

  픽셀은 사진을 구성하는 최소 단위이다. 즉 하나의 점으로 구성된다. 720×480 픽셀은 가로 720개, 세로 480개의 점으로 이루어진 화면이다. 픽셀 수가 크면 클수록 좋은 화질을 얻을 수 있으나 그만큼 용량이 커지게 되고 편집작업에도 많은 저장공간과 고사양의 시스템이 요구된다. 대게의 방송용이나 상영용 영화의 경우는 대체로 규격이 정해져 있다. 예전 VCD의 경우는 352×240, DVD는 720×480이고 이 규격까지를 SD급이라고 지칭한다. 대게 1280×720부터 HD급이라고 지칭하고 1920×1080의 해상도를 FULL HD 라 지칭한다.

- 프레임(Frame)

  동영상은 여러장의 그림이 빠르게 재생되면서 자연스런 움직임을 보여주게 되는 것이다. 보통 Frame Rate라는 것은 1초에 몇장의 그림이 지나가게 되는지를 알려주는 정보이다. 현재 우리나라의 방송표준은 NTSC방식으로 초당 30장의 화면을 보여준다. 유럽은 PAL 방식으로 초당 25장의 화면을 보여준다. 현재 HD에서는 초당 60장의 화면이 쓰여진다.

- 비트레이트 (bitrate)

  동영상이나 오디오 자료의 품질을 결정하는 중요한 요소이다. 보통은 1초에 전송되어지는 bit수로 이야기를 하게 된다. DVD는 평균적으로 6Mbps의 화질로 만들어지고 영화의 길이에 따라 달라진다. HD를 구현한 블루레이(Blu-ray)의 경우는 평균 25Mbps의 화질로 만들어진다.

- 샘플링레이트 (Sampling Rate)

오디오 파일에 사용되는 개념이다. 인간이 들을 수 있는 주파수는 20~2만Hz(초당 진동수)이고 이를 디지털 신호로 변환하는데에는 4만Hz 정도이다. 오디오 CD에서는 44100Hz이고 DVD나 HDTV는 48000Hz가 사용된다.

입출력 단자의 종류

- 아나로그 입출력 단자

기존에 사용되는 케이블로 나가는 신호는 아날로그 신호이다.

콤포지트(Composite), S-VHS, 콤포넌트(component)가 있다.

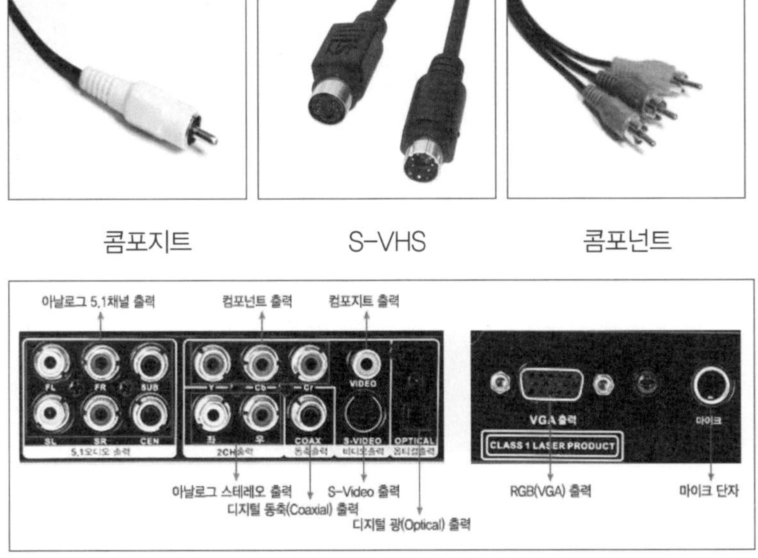

AV기기의 후면 단자들

콤포지트는 가장 보편화되면서 가장 많이 쓰이는 단자이다. 그러나 가장 떨어지는 화질을 보여준다. 콤포넌트는 DVD와 디지털 TV가 보급되면서 많이 사용되어지는 단자이다. 가장 뛰어난 화질을 보여준다.

입출력 단자의 종류

디지털 입출력 단자

디지털 입출력 단자는 영상신호로 바꿔서 출력한다는 개념보다는 디지털 신호를 전송하는 방식이다. 디지털 신호를 전송을 해주면 그 신호를 받는 쪽에서 풀어서 영상으로 만들어준다.

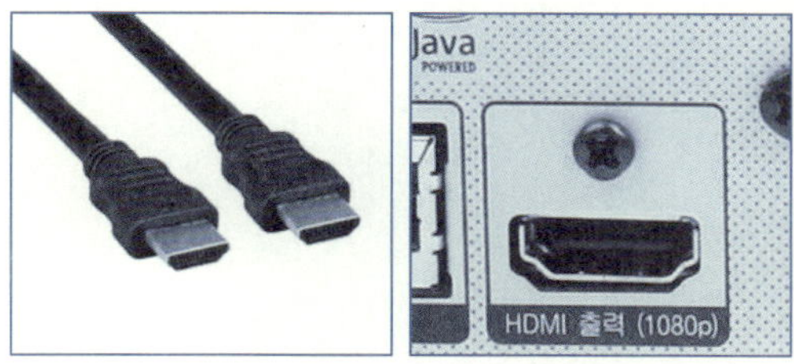

HDMI 단자

IEEE 1394 단자

HDMI 단자는 HDTV나 HD급의 영상을 구현하는 AV 기기에 사용된다. 디지털 신호이기 때문에 실제로 고품질의 영상을 구현하고 신호를 제어하기도 유리하다

IEEE 1394, 혹은 파이어와이어(FireWire), 아이링크(i.Link)는 미국의

애플 컴퓨터가 제창한 개인용 컴퓨터 및 디지털 오디오, 디지털 비디오용 시리얼 버스 인터페이스 표준 규격이다. 주로 DV 캠코더의 입출력 신호로 많이 사용한다.

스마트폰으로 UCC 만들기

이 혁 숭실대학교 기독교학대학원 기독교문화학과

준비물

1. 스마트폰
2. 연결 케이블
3. 컴퓨터

영상 촬영

1. UCC 를 기획한다.
2. 스마트폰으로 자유롭게 촬영.
3. 스마트폰으로 촬영한 영상을 컴퓨터로 옮기기
4. 영상 편집 준비 완료

스마트폰을 이용한 동영상 촬영하기

요즘 스마트폰을 비롯한 각종 휴대용 기기들의 발달로 동영상 촬영을 위한 여건이 좋아졌다. 예전에는 캠코더를 이용한 방법 외에는 촬영 방법이 없었으나 요즘에는 디지털 카메라를 비롯해 휴대폰, PMP, MP3 플레이어까지 카메라 렌즈를 내장한 기기들이 많이 출시되었다. 이들 기기들은 내장된 카메라 렌즈를 이용해 사진 뿐만 아니라 동영상까지 촬영할 수 있게 만들어졌다.

지금부터는 그 중 애플사의 스마트폰인 아이폰4 및 아이팟터치 4세대를 이용한 동영상 촬영 및 편집 방법을 알아보고자 한다.

카메라 어플 실행하기

동영상 촬영 모드로 전환

HD 모드로 전환 및 촬영

촬영할 화면이 나오는 부분 아무곳이나 두번 터치한다.

그러면 아래 그림처럼 아래 위로 검정색 바가 보이고 화면비율이 4:3에서 16:9로 바뀌었다. HD모드로 바뀐 것이다.

아래 그림의 표시된 부분을 터치하면 동영상 촬영이 시작되고 촬영을 종료하려면 다시 표시된 부분을 터치하면 된다.

아이폰4 및 아이팟터치 4세대에서는 1280×720P의 HD급 영상의 촬영이 가능해졌다.

그렇기 때문에 1초당 1.3MB 정도의 용량을 차지하며 1분을 촬영했을 때 약 80MB 정도의 용량이 나온다.

디지털 기기에서의 장시간 촬영시에는 남은 용량이 얼마인지 충분히 계산하고 촬영을 해야 한다.

촬영된 영상 보기

사진 아이콘을 터치한다.

카메라 롤을 터치한다.

위와 같이 작은 샘플사진으로 촬영한 사진 및 동영상을 보여준다. 동영상 마크와 시간이 표시된 것이 동영상으로 촬영한 것이다.

보고싶은 것을 터치하면 재생이 된다.

이 부분을 이용해서 원하는 장면으로 이동시킬 수 있고 간단한 편집도 할 수 있다.

HD모드인 16:9로 촬영된 것이다. 기기를 옆으로 가로모드로 보면 풀화면으로 볼 수 있다.
위 아래의 컨트롤 판넬들은 영상이 재생되고 얼마 후 사라지지만 화면을 터치하면 다시 나타난다.

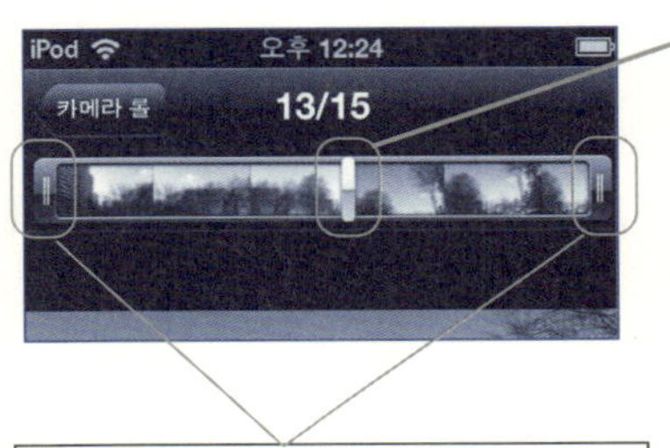

무비메이커에서의 시간표시막대의 역할을 하는 것이다. 이걸 이용해서 원하는 시간대로 이동할 수도 있다. 아니면 원하는 장면을 직접 터치해도 이동할 수 있다.
이부분을 길게 터치하고 있으면 선택할 수 있는 시간단위가 더 작아진다. (예를들어 보이는 섬네일이 5초에 한장면이었다면 길게 누르고 있으면 1초에 한장면씩 보여준다) 즉 더욱 정밀하게 선택할 수 있다.

양쪽 끝부분을 터치하게 되면 '다듬기' 모드로 되고 불필요한 부분을 삭제하는 기능이 된다.

간단한 편집하기

'다듬기' 모드로 되면 테두리 부분이 노란색으로 변한다. 양 끝쪽을 터치한 상태로 슬라이딩하면 노란부분이 따라 움직인다.

이렇게 필요한 부분이 결정되었으면 '다듬기' 버튼을 터치한다.

촬영과 편집이 완료가 되었으면 그 결과물을 남겨야 한다. '다듬기' 버튼을 터치하면 어떻게 남길 것인가를 물어본다. 경우에 따라서는 촬영된 원본이 다시 필요할 수도 있으므로 잘 판단을 해서 선택을 하면 된다.

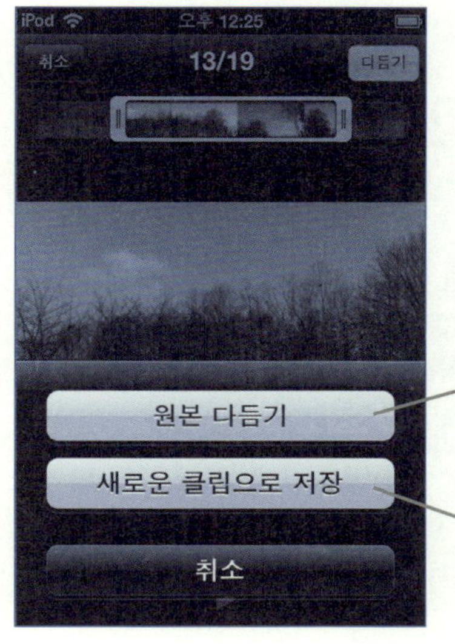

'원본 다듬기'는 촬영된 원본을 편집된 영상으로 바꾸는 것이다.

'새로운 클립으로 저장'은 촬영된 원본은 그대로 두고 편집된 영상을 새로운 파일로 만드는 것이다.

촬영한 동영상을 PC에 옮기기

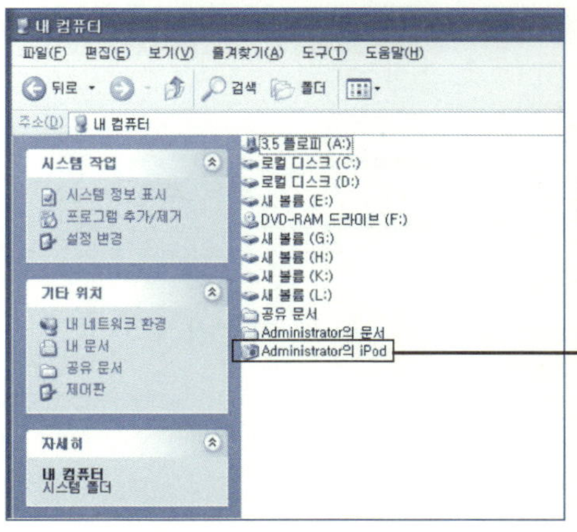

케이블을 이용해 PC와 연결한 후 동기화 과정이 끝나면 내 컴퓨터를 연다.
그러면 아이팟터치는 왼쪽 그림의 표시된 부분처럼 생성되고 아이폰의 경우는 'Administrator(사용자 이름)의 iPhone'이라고 생성이 된다.
이 부분을 클릭한다.

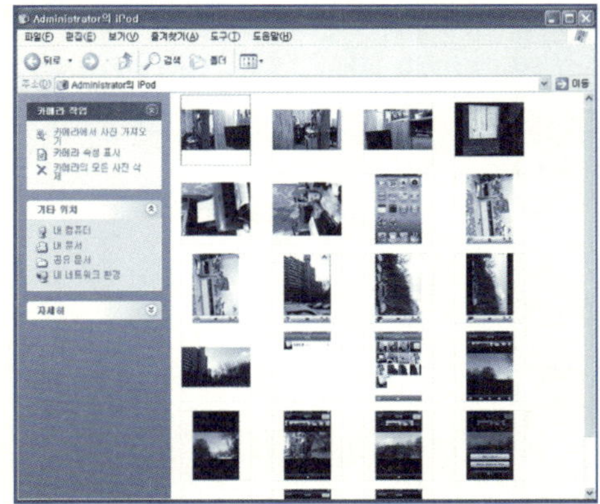

왼쪽 그림과 같이 지금까지 촬영 하거나 편집한 사진 및 동영상이 있는 것을 확인할 수 있다.
이제 이 폴더에 있는 사진 및 동영상들을 PC에 있는 폴더로 복사한 후 감상 및 편집을 하면 된다.

영상 편집 전 작업 1

1. 무비메이커는 스마트폰의 영상 포맷을 지원하지 않으므로 프로그램을 이용하여 영상의 포맷 형식을 변환한다.
2. 변환 프로그램 포멧 팩토리 2.2 버전을 사용했다. (이 프로그램은 포털사이트에서 무료로 다운 받을 수 있다.

변환 방법

1. 프로그램 실행

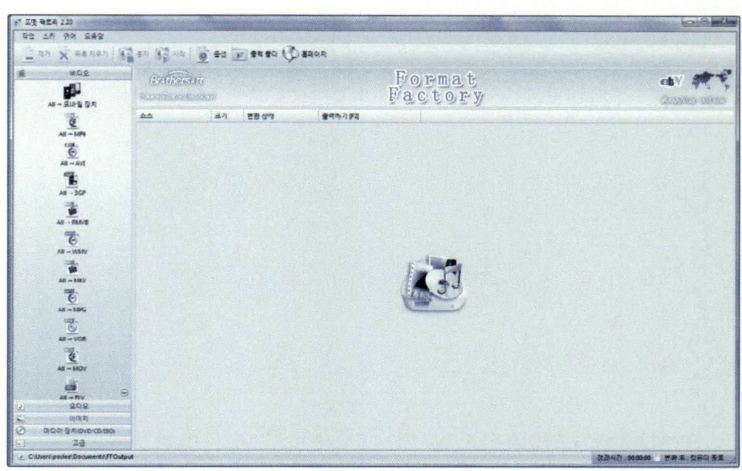

2. 변환할 비디오 형식 선택(WMV)

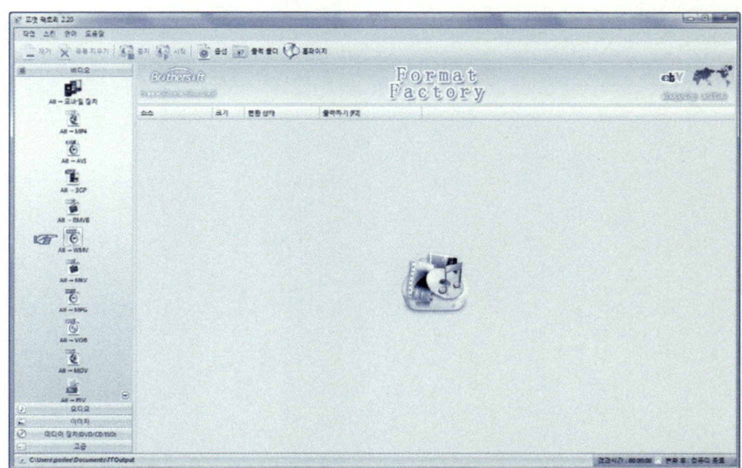

3. 출력설정 및 파일 추가

4. 프로필에서 동영상 화질 및 크기를 선택한다.

5. 프로필 설정을 한 후 메뉴에 시작 버튼을 누르면 파일 변환이 시작된다.

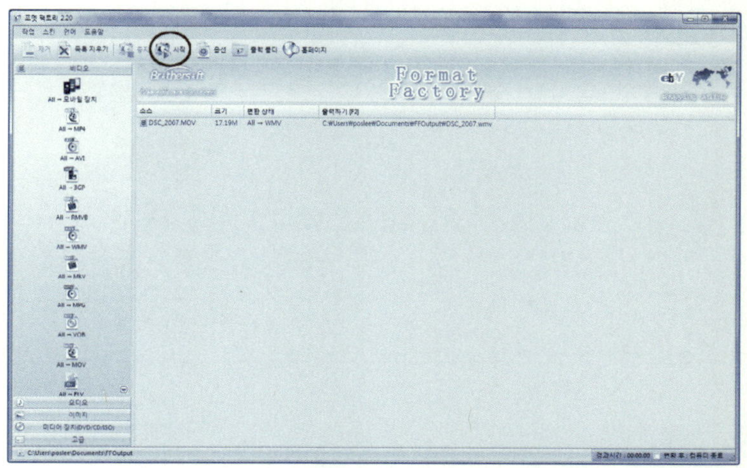

영상 편집

1. 영상편집은 본 책자의 윈도우무비메이커 활용 방법을 이용하여 편집을 하면 된다.

완성 된 동영상유투브에 올리기

1. YouTube에 접속하여 로그인 한다.

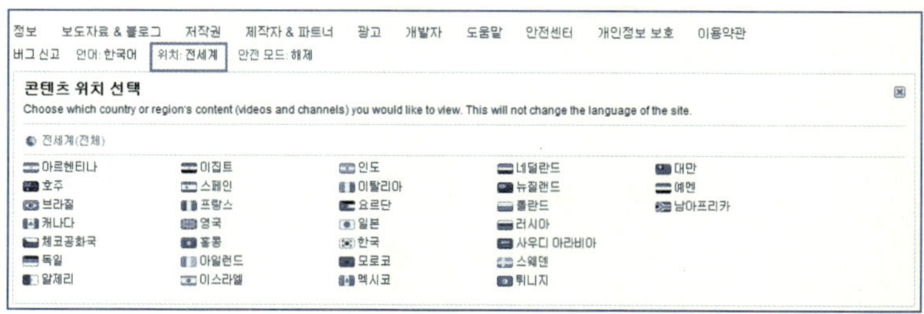

2. 유투브에 동영상을 올리기 위해서는 위치(한국)을 다른 나라로 선택을 해야 동영상을 올릴 수 있다.

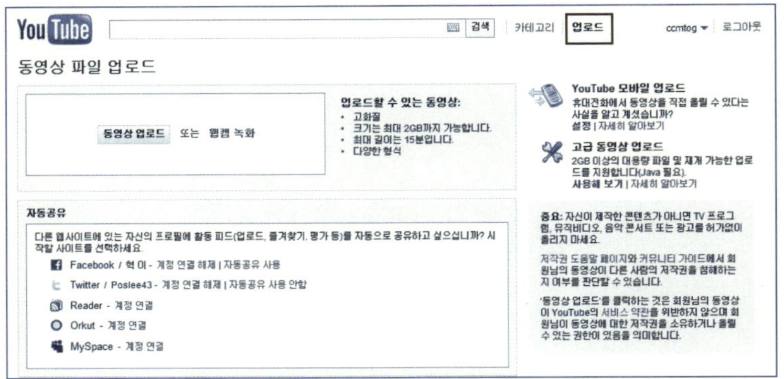

3. 업로드 메뉴를 눌러 동영상 업로드 준비를 한다.

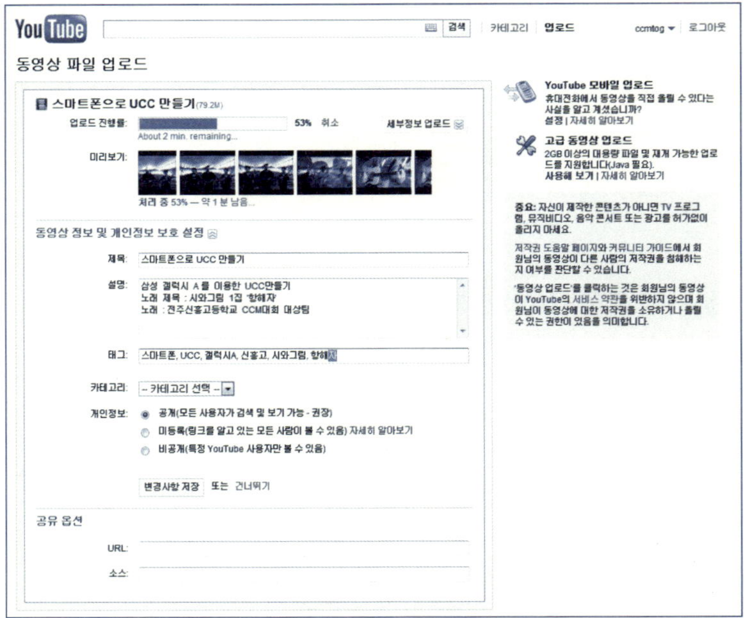

4. 동영상 업로드를 눌러 동영상 파일을 선택한 후 동영상 정보 및 개인정보 보호 설정에서 제목과 설명 등을 적고 변경사항 저장 버튼을 누른다.

5. 업로드 완료 된 UCC

http://www.youtube.com/watch?v=2EsKN_gbXeE

위 주소에서 업로드 된 동영상을 확인할 수 있다.

아이폰에서 iMovie를 이용한 동영상 편집하기

이지원 (주)삼경SJ 제작실장

iMovie 란?

아이폰 4 또는 아이팟 터치 4세대에서는 HD 급의 동영상 촬영을 지원한다.

이에 맞게 아이폰4 또는 아이팟 터치 4세대를 위한 동영상 편집 어플인 iMovie를 통해 자신의 PC나 편집 장비를 거치지 않고서도 세련된 동영상을 만들 수 있다.

이 어플은 아이폰 3Gs를 지원하지 않는다.

iMovie 설치하기

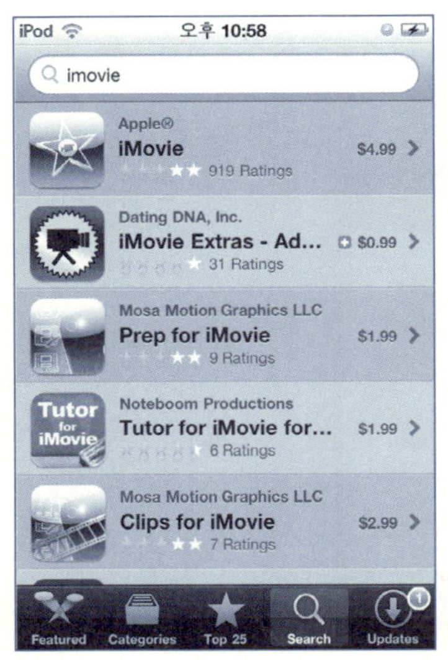

App store에서 검색하면 왼쪽 그림과 같이 어플이 나온다. Apple에서 만든 앱이고 $4.99를 지불해야 하는 유료 앱이다.

한국 계정으로 설치가 가능하다.

iMovie 시작하기

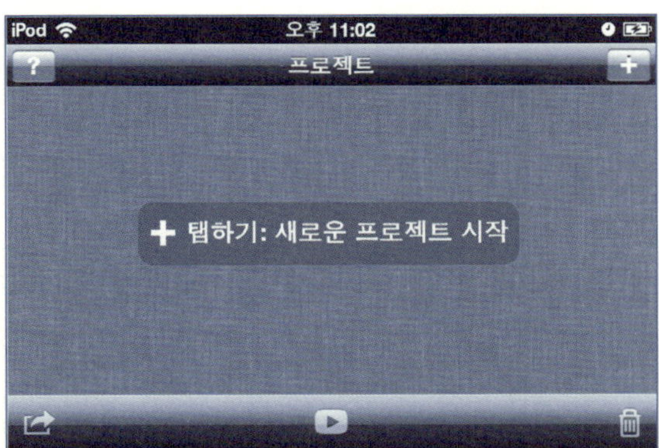

설치 후 iMovi를 실행한 첫 화면이다. 화면에 안내된 것처럼 화면을 탭을 하면 새로운 프로젝트가 시작된다.

테마 선택 화면이다. 예시된 테마를 선택하게 되면 자막이 삽입되는 스타일, 배경음악, 장면 전환 효과들이 결정되게 된다. 현대적임, 밝음, 여행, 유쾌함, 뉴스 등 모두 5가지의 테마 중에서 선택이 가능하다.

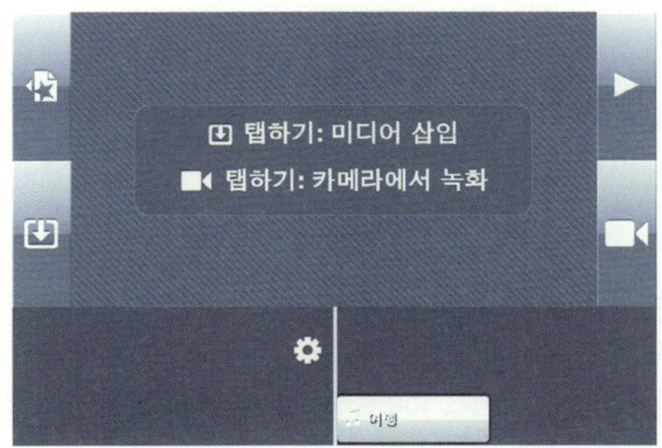

테마를 선택하게 되면 위화면 같이 나온다. 를 탭하면 기기 안에 저장된 동영상, 사진, 음악을 불러올 수 있는 화면이 나오고 를 탭하면 동영상 촬영 모드로 전환된다. 를 탭하면 다시 테마선택을 할 수 있다.

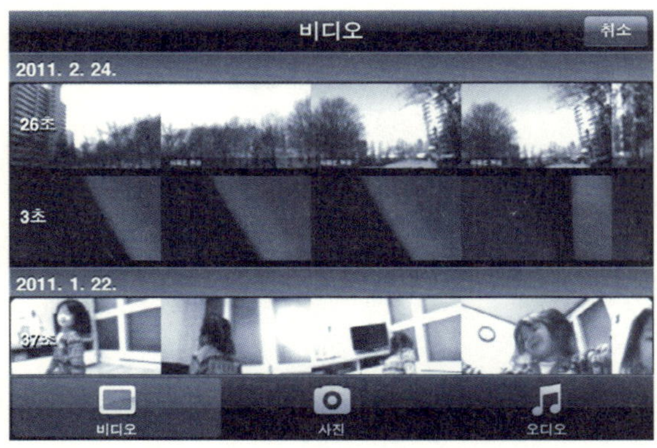

미디어 삽입을 선택하면 위 화면 같이 비디오, 사진, 오디오를 선택할 수 있는 화면이 나온다. 이 중 편집에 사용될 미디오를 선택하면 된다.

iMovie의 기능들

클립 다듬기

타임라인에 있는 비디오 또는 사진을 선택하려면 해당 비디오나 사진을 누른다. 그러면 선택된 부분에 노란색 테두리가 생기고 위로 다듬기 핸들이 생긴다. 다듬기 핸들을 좌우로 드래그해서 원하는 장면을 선택할 수 있다.

클립 이동하기

타임라인에서 이동하고자 하는 부분을 누르고 있으면 이동할 수 있게 타임라인 위 쪽으로 빠진다.

그 상태에서 이동하고자 하는 부분으로 드래그해서 옮길 수 있다.

비디오 클립 분리하기

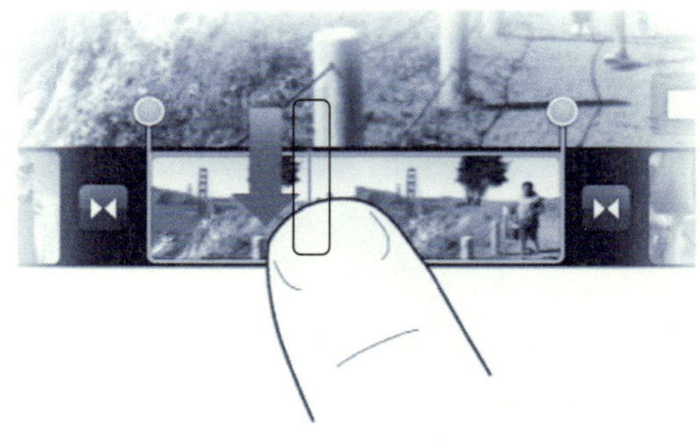

타임라인을 보면 중앙에 빨간색 실선이 세로로 있다. 이 빨간선을 재생헤드라고 한다. 위쪽에 프리뷰 화면에 재생되는 부분이기도 하고 편집이 이뤄지는 기준점이기도 하다. 비디오 클립을 분리하려면 분리하고자 하는 부분을 재생헤드 위에 놓고 재생헤드 선을 따라서 위에서 아래로

드래그하듯이 손가락을 이동시키면 분리가 된다.

타임라인에서 확대 또는 축소하기

위 그림처럼 타임라인 상이나 프리뷰 화면에서 손가락 두개를 이용해 벌리거나 오므리면 타임라인의 간격이 넓어지거나 좁아진다. 편집하려는 클립의 시간이 너무 길때는 좁히고 정밀한 편집을 할때는 넓히는 방법으로 이용하면 된다.

제목(자막) 추가하기

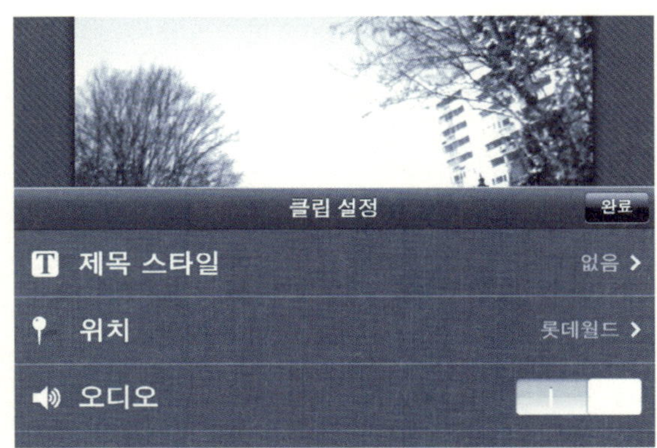

제목을 추가하고자 하는 부분을 재생헤드에 맞추고 타임라인을 두 번 탭하면 위 그림과 같은 항목이 나온다. 제목 스타일을 선택하면 없음, 오

프닝, 중간, 엔딩을 선택할 수 있고 상황에 맞게 선택을 하면 텍스트를 입력할 수 있는 창이 나온다.

오디오 바꾸기

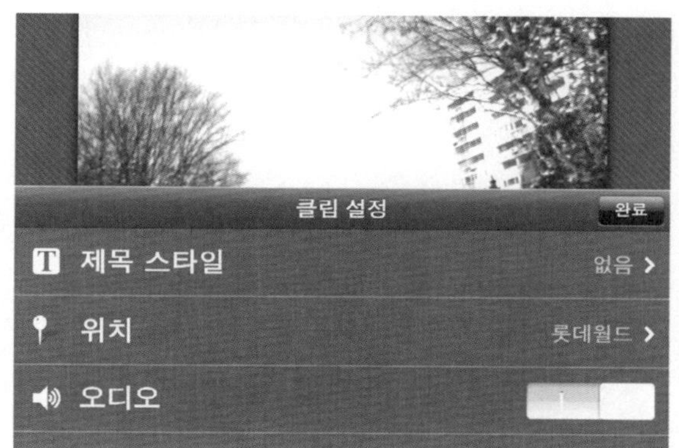

야외에서 촬영을 하다 보면 원하지 않는 소리까지 촬영이 된다. 그럴 때에는 원본의 오디오 대신 다른 오디로를 삽입할 수 있다. 먼저 원본 오디오를 없애는 방법은 타임라인을 두 번 탭하면 왼쪽과 같은 화면이 나온다. 오디오의 켜짐 부분 [I]을 탭하면 꺼짐 [O]으로 바뀐다. 반대로 꺼짐을 탭하면 다시 켜짐으로 바뀐다.

원본의 오디오를 껐다면 선택된 테마의 음악이나 자신이 지정한 음악을 사용할 수 있다.

테마 선택 항목의 아래 부분에 테마 음악을 선택할 수 있는 부분이 있다. 이 부분을 키고 끔으로써 테마 음악을 원본 오디오 대신 사용할 수 있다.

만일 자신의 기기에 저장된 다른 음악을 사용하고 싶다면 프리뷰 화면의 옆 쪽에 있는 [⇩]표시를 탭하면 앞에서 언급한 'iMovie 시작하기'에서 자신의 미디어를 선택할 수 있는 화면이 나온다. 이 부분에서 하단부의 오디오를 선택을 하면 자신의 기기에 저장된 음악을 선택할 수 있는 화면이 나오고 음악을 선택을 하면 타임라인에 음악이 삽입이 된다.

장면전환효과 주기

iMovie에서는 장면전환 효과도 지원을 한다. 타임라인에서 클립과 클립사이의 [■]부분을 두 번 탭하면 영상 효과 설정이라는 메뉴가 나온다.

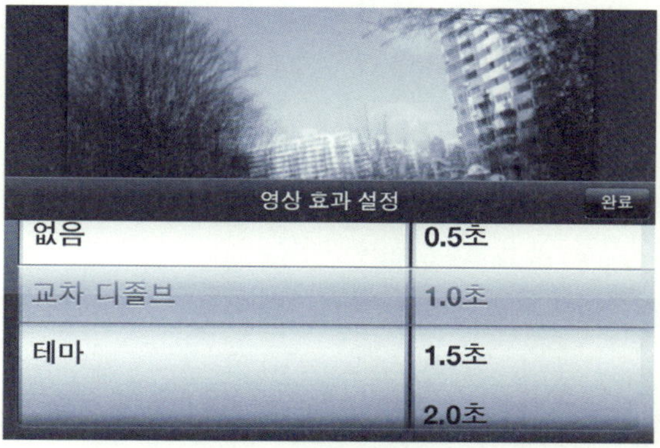
영상 효과 설정
완료
없음
교차 디졸브
테마
0.5초
1.0초
1.5초
2.0초

위 그림의 왼쪽 메뉴는 어떤 형태로 효과를 줄 것인지 선택하는 것이고 오른쪽은 효과를 얼마 만큼의 시간동안 줄 것인지를 선택하는 것이다.

교차 디졸브는 앞 클립과 뒷 클립이 겹쳐지면서 전환하는 것이고 테마는 선택된 테마에 맞게 전환 효과를 주는 것이다.

출력하기

아파트 전경
T

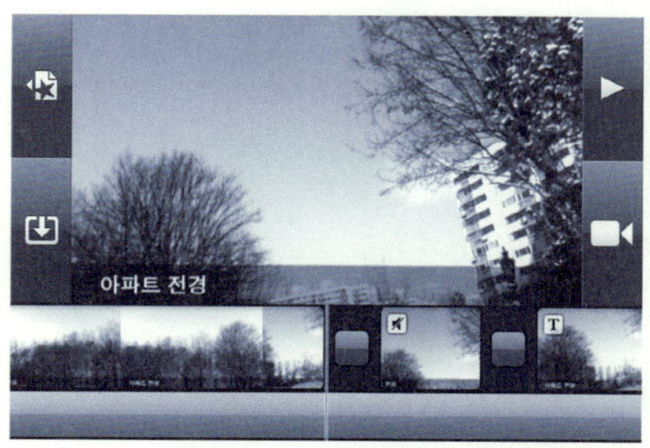

편집이 완료되었으면 편집이 적용된 영상으로 출력을 해야 한다. 위 그림에서 프리뷰 화면 왼쪽 상단에 있는 표시를 탭을 한다.

위 그림과 같은 화면이 나오면 좌측 하단에 있는 [아이콘]를 탭하면 보낼 크기 선택이라는 출력화면이 나온다.

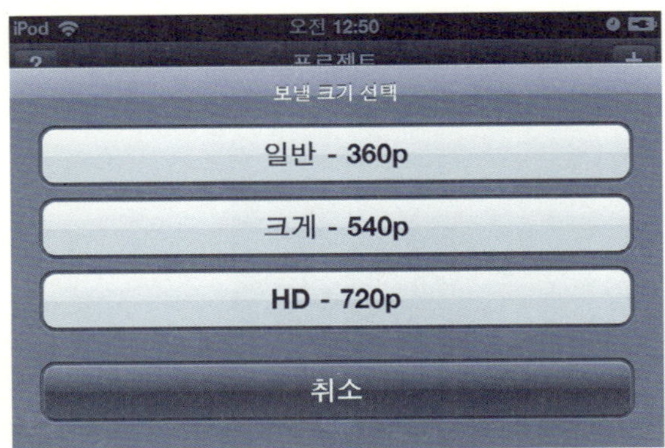

왼쪽 그림 같이 3가지 종류로 출력을 선택할 수 있고 선택하면 선택된 크기에 맞게 동영상이 완성되어서 카메라롤 항목에 추가가 된다.

이곳에서 완성된 영상을 이메일로 전송하거나 유튜브에 올릴 수도 있다.

크리스천 SNS와 모바일 네트워크

Smart Phone

초판인쇄 2011년 3월 18일
초판발행 2011년 3월 25일

지은이 박용우, 김태희, 이길원, 고성욱,
배현학, 여지혜, 이지원, 이혁

펴낸이 김대근

펴낸곳 숭실대학교 출판부
서울 동작구 상도동 511

등 록 제14-2호(1982.1.25)
tel.02-820-0771~2
fax.02-817-5297
http://press.ssu.ac.kr

찍은곳 한컴인쇄정보
tel.02-2274-3394~5
fax.02-2274-3397

값 10,000원

ISBN 978-89-7450-270-6 03320